会社のやってはいけない！

良い人材が辞めない人事のしくみ

内海正人

This is why your management does not go well.

Masato Utsumi

CROSSMEDIA PUBLISHING

はじめに

お手に取っていただきありがとうございます。

この本では、会社と社員、上司と部下との関係で、「あれ？」「こんなときはどうするのか？」という細かい疑問から経営の根幹を揺るがす問題まで、類似の判例等を交えて、わかりやすく解説したものとなっております。

みなさまの経営、人事制度、労務管理、上司としての指導にお役立ちになれる内容となっています。

さて、私が人事コンサルタント・社会保険労務士になり、労務や人事のお手伝いをして20年弱となりました。その間、これほど労務管理、人事制度が世の中から注目された時代はありませんでした。

それは「働き方改革」を代表とする、国の政策が「働く人」や「働き方」にフォーカスされているとともに、私たちが働くということに〝厳しい目〟を持ち始めたからなのです。なぜなら、「名ばかり管理職」「ブラック企業」「過労死」「セクハラ」「パワハラ」「未払い残業」「ワークライフバランス」「裁量労働」「残業規制」などの問題が、メディアで取り上げられない日はないと言っても過言ではない状況だからなのです。

このような状況で、政策で「労働時間の制限」や「働く時間にとらわれない生産性を重視した働き方」などが注目され、法律に盛り込もうという動きがあります。政府は「一人ひとりの生産性を高めて、働く時間をより効率的にし、プライベートの時間を充実させましょう」という方針を掲げています。20年以上前の「寸暇を惜しんで働きましょう」という考えはすでに時代遅れとなってきたのです。

とはいえ、会社は生き物であり、「方針が決まったから明日からそのようになる」わけではありません。それには日々の対応を方向づけ、コンプライアンスを意識した運用を行い、社員のみなさんに理解してもらい、細かなところまで気を配る必要があるのです。

そんな時代の労務管理、人事制度を運用するために本書がお役立ちできると考えております。

２０１８年４月吉日　内海 正人

会社のやってはいけない！　目次

第2章 こんな問題行動を見過ごしてはいけない

第3章 こんな人事管理はいけない

第4章 こんな給与・就業規則はいけない

第5章

こんな安全・健康管理ではいけない

第6章

こんな懲戒・業務命令はいけない

第7章 こんな解雇をしてはいけない

第1章

こんな働かせ方はいけない

〈議題〉

こんな働かせ方はいけない

社長：残業代の問題は悩ましいです。タイムカード通りに残業を支払っていたら、「できない社員」に多くの給料を支払い、「できる社員」には残業代が支給されず、給料が逆転してしまう…なんてことになってしまいます。これはおかしいですよね。

先生：できない社員に多くの給料が支払われ、できる社員の方が、給料が少ない…。確かにおかしいことです。

社長：それに「できない社員」に限って調べものに時間がものすごくかかって、その業務に対するスキルを身につける時間に残業代を支払うなんて…。さすがにこれは残業の対象外ですよね？

先生：確かに社長がおっしゃる事はわかりますが、残業についてかかった時間で支払わないといけませんが、その「内容」についても管理されていますか？

社長：残業の「内容」についてですか？

先生：そうです。内容、すなわち「何のために残業しているのか？」そして、「その残業

をこなすのは何時間ぐらいが標準的な時間なのか？」ということを把握しているのか？　ということです。

社長：それは、現場が把握しているはずですが…。

先生：確かに残業管理は現場の上長がしっかりと行わなければなりませんが、現場に任せすぎると、管理そのものがあやふやになってしまったり、現場ごとによって判断が異なったりと判断がぶれてくることがあるのです。こうなると「営業部では残業時間をいっぱいつけてくれるけど、経理部ではなかなかつけてくれない」などの運用の差が生まれてくるのです。そうなると社員が大きな不満を持ってくるでしょう。そして、「法律ではどうなのか？」などとその不満の解消を法律に救いを求めることが数多くあるのです。

社長：法律というよりも、最初は感情が問題なのですね…。そして、残業の事は時間の問題だけではなく、残業そのものの内容の問題でもあるのですね。

01

Checkpoint of the work

もし未払い残業代を社員に請求されたら

残業に関するご質問は季節を問わず、かなりの数になります。その中でも特によくある内容は「社員が勝手に残って仕事をしているが、それでも残業代を支払うのか？」ということです。

原則論としては「社員が勝手に残っていても、仕事をしている限り残業とみなされる」ということになりますが、勝手に残って仕事をしていても、残業にならない場合もあるのです。

残業は一般的に会社の指示で行うものなので、業務命令の下に行うことが原則です。しかし、勝手に残って仕事をしている場合はどこまでが業務命令の下にあるといえるのでしょうか？

これに関連する裁判があります。

〈とみた建設事件名古屋地裁平３年４月〉
○時間外労働でも使用者の指示に基づかない場合は割増賃金は不要。
○業務が所定の労働時間内に終了しない量である。
○残業が恒常的となっている。
○具体的な指示がなくても、黙認したとすべきと判断された。

また、同じような別の裁判もあります。

〈三栄珈琲事件大阪地裁平３年２月〉
○喫茶店に営業する社員は営業時間を自分で決定できるが、営業成績を向上させるよう会社から指示を受けていた。
○会社の黙示の指示があったとすべき。
○黙認による時間外労働があったとし、残業代の請求が認められた。

この２つの裁判のポイントは

・残業が恒常的となっている
・会社からの指示が明確でなくても、発せられている
・残業していることについて、会社が黙認している
ということです。このような条件が含まれていたら、残業代が必要になるのです。しかし、これらと反対で、会社が勝訴した裁判もあります。

〈吉田興業事件名古屋高裁平成2年5月〉
○始業時刻前に行った労働（現場の掃除）。
○終業後、翌日でもいい後片付け等をした労働。
○これらは社員の自発的な行為で、会社の指示に基づくものではない。
○残業代は不要として会社側が勝訴。

これは、「会社の指示がない」「業務の必要性がない」「社員が勝手に行った」という理由で残業代の対象にならないと判断された例です。だから、勝手に社員が残って仕事をしていても、残業にはならないこともあるのです。

なお、吉田興業事件は裁判なので、こういう結論になりました。これが労働基準監督署

の調査であれば、逆の結論（残業代あり）となったことでしょう。なぜならば、労働基準監督署は「形式」を中心に判断しますが、裁判では「実態」をより吟味するからです。労働基準監督署の調査では「残業代あり」とされたが、裁判では「残業代なし」とされることがあるのは、こういう理由からです。

結果として、あなたの会社が労働基準監督署の調査で未払い残業代の指摘を受けたら、裁判を検討してください。内容次第ですが、ひっくり返る可能性はあるのです。

話を「残業の禁止」に戻します。「残業の禁止」の話をすると、多くの社長は「早く帰るように言っているのですが、なかなか改善できないのです」とお話されます。

しかし、「早く帰るように」と言う程度では、残業を禁止したことにはなりません。裁判で「残業ではない」と判断されるレベルは「残業の中止を命じる」「残業中止命令に応じなければ、懲戒の対象とする（書面発行）」とし、証拠を残しておくことが必要です。

02
Checkpoint of the work

無断で残業する社員への対応は？

最近、「無断で残業して、残業代を稼ごうとする社員の対応はどうしたらよいでしょうか？」というご相談をよくお受けします。仮に、この状況を放置してしまうと、

・人件費が高騰する
・残業時間が長くなると、社員の健康管理の問題が発生
→この場合、会社にペナルティが科される可能性がある（労災リスク）

という大きな問題を抱えていることとなるのです。

前項でお伝えしましたとおり、労働基準法上の労働時間とは「社員が会社の指揮命令下に置かれる時間」をいいます。このため、会社の指揮命令下になく、社員が私的な活動のために会社に残っている時間は労働時間には含まれません。基本的には「会社の指揮命令下」にない時間は、残業時間として取り扱う必要がないのです。

つまり、社員の判断で「残業する権利」は無いということです。このことをはっきりさせるために就業規則に次の条文を盛り込みましょう。

（遵守義務）
社員は、勤務に当たり、次の事項を遵守しなければならない。
1会社の許可なく終業時間後、会社施設に滞留しないこと
2会社の構内又は施設内において、会社の許可なく業務と関係ない活動を行わないこと
3勤務に関する手続きその他の届出を怠らず、又は偽らないこと
4会社の残業命令なく残業しないこと
5職場において、電話、電子メール、パソコン等を私的に使用しないこと
（残業命令なしの残業）
前項4号の規定にかかわらず、社員が残業命令なしに残業した場合、この残業は労働時間に含まれないため、会社は社員に対し、この残業に対する賃金を支給しない。

就業規則に明示することで、残業管理があやふやにならないことがポイントです。しかし、就業規則に記載するだけでは足りません。特に「残業命令なしの残業には賃金

を支払わない」とまで記載するのであれば、会社は残業をきっちり管理しないといけないのです。

なぜなら、残業命令なしでも残業代の支払いが命じられた裁判が多くあるのも事実だからです。これは、直接的には残業命令が無くても、「黙示の残業命令」が存在するということで、支払命令が出ているのです。具体的には、

・残業で業務を処理することを当然なこととして、上司が黙認した場合
・業務上やむを得ない理由で残業をした場合
・残業しなければならない客観的な事情がある場合

などは「黙示の残業命令」があったと認められてしまいます。

では、このような事態に陥らないためにはどうしたらよいでしょうか？

これに関する裁判があります。

〈リゾートトラスト事件（大阪地判平成17年3月25日）〉
○経理担当者の残業と休日出勤が多かった。
○会社は残業代や休日手当を払わなかったため、社員は残業代と休日手当の請求を求めて訴訟。
○この社員は日常的な事務を担当し、残業する量ではなかった。

○上司が早く帰るように何度も注意したが、帰らなかった。
○会社は残業や休日出勤の命令をしておらず、業務の量は残業や休日出勤するほどでもない。
○判決は会社が勝訴した。

この裁判のポイントは
・残業命令があったか？（逆に、残業しないように上司が注意している）
・残業（休日出勤）するほどの仕事量だったか？
・日常的な仕事のみで、それほどの量ではなかったのではないか？
といった点です。

だから、会社が「残業の内容と量」を把握して、きちんと労働時間を管理していれば、勝手な残業は認められないし、黙示の残業ともならないのです。

03

Checkpoint of the work

タイムカードと残業時間の関係は？

これまで「勝手な残業でも、会社の黙認が存在し、実際に業務を行っていたら残業代は支払わざるを得ない」ことについてはお伝えしてきました。

さらに「タイムカードの打刻時刻まで働いた」と主張された場合、これ以外に主張できる記録等がないと、タイムカードの打刻時間まで残業したことになるのです。

では、どこからどこまでが労働時間に該当するのかをみてみましょう。

その判断は会社毎に異なることもあり、一概には言えませんが、労働基準監督署や裁判所には一定の判断基準があるのです。これに関する裁判があります。

〈プロッズ事件東京地裁平成24年12月27日〉

○女性社員は2年分の未払い残業代（約1600万円）、これと同額の付加金（※）、損害賠償金

（約650万円）の請求をするため、会社を訴えた。
〇会社はタイムカードにより労働時間を管理していたが、タイムカードに記録が無い部分が多くあり、社員が手書きで記載していた。
（※付加金…労働基準法において、解雇予告手当、休業手当、割増賃金等を支払わない会社に対し、裁判所が従業員の請求に基づき、未払金に加えて、支払いを命ずる金銭のこと）

この裁判では、「虫食い」のタイムカード部分を裁判所がどのように判断するかが注目されましたが、下記の支払いを命じました。
・約800万円の未払い残業代
・800万円の付加金
・40万円の損害賠償金
以上のように会社側が負けたのですが、この裁判の争点の「虫食い」のタイムカードはどのように判断されたのかを詳しくみてみましょう。

Q：タイムカードで労働時間を管理していた場合、これがそのまま実労働時間と認定されるのか？

Ａ：タイムカードの時間が全て労働時間とは限らないが、会社がタイムカードで労働時間を把握している以上、原則として、その打刻時間が労働時間と推認される。

Ｑ：社員が「タイムカードを押した後も業務をした」と主張したら？

Ａ：客観的な証拠があるなら、タイムカードの打刻時間を超えて認定されることもある。

Ｑ：タイムカードが手書きや空欄だった場合は？　どのように実際の労働時間を認定するのか？

Ａ：手書きや空欄でも、パソコン上にデータ保存記録が残っていたら、その日の最初のデータ保存記録から2時間遡った時刻に出社と推認。

Ｑ：「直行」と手書きの場合は？

Ａ：始業時刻に業務開始したものとする。

Ｑ：退社時刻が空欄の場合は？

Ａ：タイムカードの時間ではなく、最終のデータ保存時刻、または、最終のメール送信時刻に退社と認定。

Ｑ：休憩時間がわからない場合は？

Ａ：特に休憩が取れない業務ではないとして、労働基準法上、義務となる休憩時間は取得していたと推定。

　このように、今回の裁判ではタイムカードの打刻漏れ等について、裁判所の判断が細かに記載されていました。このように、裁判所はタイムカードの打刻が多少漏れていても、明確に算出しようとして、基準を決めているのです。

　さらに、タイムカードが無い場合の裁判もみてみましょう。過去の裁判では、以下のようなもので労働時間を認定しています。

・パソコンのONとOFFを記録したログデータで労働時間を認定
→PE&HR事件東京地裁平成18年11月10日
・メールの送信記録により労働時間を認定
→ゲートウェイ21事件東京地裁平成20年9月30日
・タコメーターの記録により労働時間を認定
→大虎運輸事件大阪地裁平成18年6月15日

　このように、タイムカードが無くても、労働時間を計算できる手段は色々とあるということを認識しないといけないのです。ちなみに、労働基準監督署も同じような考えで、労働時間を把握しようとします。単に「タイムカードが無ければ、労働時間が把握されない」という時代ではないのです。

04

Checkpoint of the work

制服に着替える時間は労働時間ですか？

先日、次のご相談がありました。

「当社は、就業にあたっては制服の着用を義務付けています。あるとき、始業時刻ギリギリに出社し、タイムカードを打ってから着替える社員がいたので、余裕を持って出社し、先に更衣を済ませてからタイムカードを打刻するように注意したら「更衣時間は早出残業になりますか」と言われてしまいました。更衣時間は労働時間になってしまうのでしょうか？」

これは、考え方によってはすぐに回答できない難しい問題かもしれません。

常識的に考えれば「仕事をするのだ」という気概をもっていれば、余裕を持って出社し、タイムカードを打刻する前に更衣を済ませておくのは当然な気がします。

しかし、「いつから労働時間なのか」ということを明確にしている会社が少ないのも事実です。だから、就業規則等に明記する必要があります。なぜなら、誤解を生むような運用をしていると、ご相談の事例のように些細な事からトラブルと発展する可能性があるからです。

就業規則の記載例が以下となっています。

始業時刻とは始業準備（着替え等）を整えた上で実作業を開始する時刻をいい、終業時刻とは実作業の終了の時刻をいう。

このように記載することにより、着替え等を済ませて作業を開始できる時刻が始業時刻となるのです。

さらに、法的にはどのようになっているのかをみてみましょう。これに関する裁判が以下となっています。

〈三菱重工業長崎造船所事件最高裁平成12年3月9日〉

○会社は就業規則で1日の所定労働時間を8時間と定めていたが以下の時間は労働時間ではないとした。

↓更衣所での作業服及び保護具等の装着
↓準備体操場、資材等の受出し
↓業務終了後の作業場から更衣所までの移動、作業服及び保護具等の脱離
○労働者は、これらの行為に要する時間は法的に労働時間に当たり、1日8時間の所定労働時間外に行った行為は時間外労働と主張し、割増賃金を請求する訴えを提訴した。
○最高裁は、次の判断を下した「更衣所での作業服及び保護具等の装着」「準備体操、資材等の受出し」「業務終了後の作業場から更衣所までの移動、作業服及び保護具等の脱離」は労働時間であると判決を下し、会社が敗訴した。

最高裁は「労働時間とは、労働者が使用者の指揮命令下に置かれている時間をいう」と判断しています。この裁判で「使用者の指揮命令下」に置かれているかいないかが争点となったのですが、詳細は以下となったのです。

・更衣所での作業服及び保護具等の装着
↓作業着及び保護具等の装着を会社が義務付けしており、装着について更衣所で行うと会社が指定していた

→作業着及び保護具の装着を怠ると懲戒処分の対象となる
・準備体操、資材等の受出し
→準備体操に参加することが義務であったため、労働時間と判断される
→資材等の受出しは実作業にあたる
・業務終了後の作業場から更衣所までの移動、作業服及び保護具等の脱離
→作業終了後も更衣所までの移動、作業服等が終えるまで会社の指揮命令下に置かれている

ここで1つ注意しなければならないことがあります。この裁判について、最高裁が「制服の着替え時間＝労働時間」と示したと考えられると誤解されている方も多いのですが、最高裁はここまでの判断はしていません。保護具等の着脱の義務があり、怠った場合に対するペナルティの存在等で、労働時間と判断しています。単に「制服、作業服程度の着替え時間は、作業の準備行為とは考えられず、労働時間とは言えないでしょう。

また、この事件では「着替える場所の指定」も行われています。

このように会社が特定の場所を指示して更衣等を義務付けていたことで、「労働者を指揮命令下に置いている」と判断されたのです。準備体操等の取り扱いについて、「労働時間と

しない」場合は、出席を強制しないこと、遅刻しても賃金からその分を控除してはいけないのです。

05
Checkpoint
of the work

休憩時間は労働時間ではないはずですが……

先日、飲食店を経営している社長から「客足が途切れた時間を休憩時間にしてもＯＫですか？」と質問されました。もちろん、ここでいう「休憩時間」とは労働法における休憩時間です。さあ、お客さんがいない時間をどう考えるべきでしょうか？

具体的には、この店の勤務時間は「午後3時～翌日の午前1時」です。そして、休憩時間は下記のように雇用契約書に書かれています。

・勤務時間中に休憩時間を2時間与える
・1回目の休憩は、午後5時30分～午後6時30分
・2回目の休憩は、午後10時～午後12時までの間で、客足が途絶えた1時間

しかし、「この休憩時間は法律違反だ」と元社員が訴えたのです。そして、割増賃金の支払いを要求したのです。これに対し、社長は、「契約書どおり、1日につき2時間の休憩を

与えていた」と主張しました。

まずは、労働法における「休憩時間」の定義をみてみましょう。それは、「労働者の権利として、労働しなくてもいい時間」です。

つまり、「完全に休憩できる時間」を指すのです。当然、飲食店の場合、

（1）客足が途絶えて接客、調理の必要がない時間

（2）休憩室にいるが、お客さんが来たら対応することになっている時間

これらは「完全に休憩できる時間」ではありません。このような時間を「手待時間」と言います。この「手待時間」は、実際の作業等はしていない時間です。ただし、一定の拘束はされています。なぜなら、来客があれば、すぐに業務に復帰するからです。だから、完全に休憩できる時間ではありません。

具体的に、手待時間とは、

・お店でお客さんが来るのを待っている時間

・流れ作業で、材料が届くのを待っている時間

・工事現場で、作業員がダンプカーの到着するのを待っている時間

などです。

だから、今回のご相談は「2回目の休憩時間＝手待時間」と考えるのが妥当でしょう。

この会社の場合、「休憩時間の設定に無理がある」とされる可能性が高いのです。
ただ、こういう会社にも対策はあります。それは、
・客足の途絶える時間帯を推定する
・その推定から、シフト制の休憩時間を設定する
・短時間アルバイト、パートを活用する
などが考えられます。

このような対策をすれば、労働法上の適正な休憩時間を確保できます。ただし、実際の現場は流動的にせざるを得ず、法律とのギャップが出ることは日常茶飯事でしょう。特に、飲食店などの場合はその傾向が強いでしょう。

06

Checkpoint of the work

休日に携帯電話で対応させたら……

「休日に携帯電話（会社名義）の電源を入れさせている場合、電源ＯＮの時間も労働時間となってしまうのでしょうか？　また、休日にお客様から携帯に電話があり、実際に対応した時間は労働時間に含まれるのでしょうか？」

先日、ある社長からこういうご質問を頂きました。これは業種を問わず、あり得ることですが、法的にはどう考えればいいのでしょうか？

まず、「携帯電話の電源ＯＮは労働時間か？」について解説します。もちろん、「携帯電話（会社名義）の電源は休日でもＯＮにしておく」ということは業務命令である前提です。

仮に、携帯電話の電源ＯＮの時間が労働時間ならば、法律で定められている労働時間（１週間40時間、１日８時間）を大幅に超えてしまいます。そして、割増賃金がドンドン膨らんでいくことになってしまいます。しかし、労働時間とは「会社の指揮監督下にある時間」

であり、実際の作業をしている時間だけが該当する訳ではありません。例えば、工場でラインが動き出すのを待っている時間も労働時間です。システムトラブルで何もできない時間も労働時間です。

しかし、携帯電話の電源ONという状態は会社の業務命令とはいえ、指揮監督下にあるといえるのでしょうか？これに関して、労働法に強い弁護士に確認したところ、次の労働基準法規則23条が「参考になる」とのことでした。この23条には、「断続的な業務は通常の業務とは別の業務、この別の業務は一定の労働時間を超えても、残業代が発生しない」ということが書かれています。

だから、携帯電話の電源を入れているが、鳴ったら対応するという断続的な業務は「通常の業務」ではないのです。

この場合、「社員に対する場所的な拘束」が大きなポイントになり、単に携帯電話の電源ONという状態は場所の拘束がないので、「通常の業務」ではないのです。

これに関して参考となる裁判があります。

〈大星ビル管理事件最高裁平成14年2月〉

○月に数回、7～9時間の仮眠を含む24時間勤務の警備員という前提。

○この社員が「仮眠時間も労働時間」と主張し、残業手当、深夜勤務手当を請求した。
○会社は「仮眠時間の支払いはしない契約」と主張したため、警備員は裁判所へ訴えた。
○仮眠中は仮眠室にいることを義務づけられており、配属先ビルからの外出は禁止されていた。
○何かあれば直ちに行動し、対処することが義務づけられていた。
○最高裁は仮眠時間も労働時間と判断した。

この裁判のポイントは「場所的な拘束」となります。

だから、これを携帯電話の話に当てはめると、電源を入れているだけでは「通常の業務」とはならないのです。ただし、「通常の業務」ではないとはいえ、実際に携帯電話で対応する場合もあるので、手当の支払いは必要になります。

また、法律では緊急電話の対応等につき、相当の手当が支払われていること（平均賃金の1/3程度）が必要です。たとえば、1時間あたりの平均賃金が900円の人が10時間携帯電話をONにしていたら、「300円×10時間＝3000円」程度の手当。そして、「回数は月1回程度」が目安でしょう。この回数の定義は明記されていないのですが、電源ONの携帯電話を持っているのが、月1回程度（例：持ち回り担当制）などであれば、問題無いとされています。結果として、相当の手当があり、月1回程度の携帯電話の電源ONは通常の業務にはなりません。

しかし、現実問題として、こういう状況にある会社は微妙な要素を含んでいることが多いでしょう。だから、このような運用を実施する場合、「きちんと就業規則等に記載すること」「手当を支給すること」「具体的な運用を明確にし、場合によっては運用の改定」が必要になるのです。

07

Checkpoint of the work

残業時間の端数処理について

多くの方が残業時間の計算につき、勘違いされていることがあります。それは「残業時間の端数処理」についてです。先日もご質問を頂きました。

「当社では、1日の残業時間の端数を15分単位で切り捨てています。給与計算ソフトの設定でも15分切り捨ての設定があったので、法的にも認められていると思っていましたが、これは違法ですか？」

給料は原則として「その全額を社員に支払わなければならない」となっています。それは残業代、休日手当、深夜手当も同じです。だから、残業時間について、四捨五入や切り捨てはできないのです。さらに、残業時間の端数処理について、次の処理方法が通達により認められています。

○１ヶ月間における残業、休日出勤、深夜残業の合計時間数に１時間未満の端数がある場合、30分未満の端数を切り捨て、それ以上を１時間に切り上げる。
○「給与額（基本給）÷労働時間（残業以外）」という計算をし、１時間当たりの給料、残業代に円未満の端数が生じた場合、50銭未満の端数を切り捨て、それ以上を１円に切り上げる。
○１ヶ月における残業代、休日出勤手当、深夜手当の割増賃金部分の総額に１円未満の端数が生じた場合、50銭未満の端数を切り捨て、それ以上を１円に切り上げる。

つまり、上記の方法ならＯＫということです。

逆に言えば、５分や10分でも実際に労働した時間ですので、毎日の残業時間の端数切り捨ては、労働基準法違反となるのです。

１日単位ではわずかな時間でも、積み重なると多額の残業代に発展する可能性もあります。だから、原則として法定労働時間を超える労働については、たとえ１分でも割増賃金を支払わなければなりません。そして、毎日の残業ごとに分単位の集計をすることが必要なのです。

しかし、多くの会社はここまでは知らないので、残業時間の端数処理を30分単位、15分単位などとしています。

また、実際に販売されている給与計算ソフトの設定にも上記に対応する計算ができるものがほとんどです。しかし、この状態で運用していて労働基準監督署の調査があった場合、端数時間の処理の間違いを指摘される可能性は高いのです。

そして、

・切り捨てていた残業時間を集計

・その時間に見合う残業代の支払い

を求められることになるのです。

結果として、冒頭のご質問の場合も「違法状態」なのです。

実際の例として以下の報道がありました。

〈居酒屋バイトに未払い賃金1280万円支払う平成20年6月〉

○労働基準監督署から勤務時間の不当計算で是正指導があった。

○アルバイトの勤務時間を30分未満は切り捨てていたことが判明した。

○6店の計60人に、未払い賃金約400万円を支払った。

○居酒屋は全国約400店のアルバイト約1万2000人を対象に過去2年間にさかのぼった実態調査を実施。

○41店157人の賃金未払い約880万円を支払った。

これにつき、会社は「時間管理が十分ではなかった」と説明していました。

ここで覚えておいて頂きたい数字は「60人で400万円」です。たかが端数処理、されど端数処理なので、2年間も集計すれば、大きな金額に発展することがあるのです。

また、この項の冒頭で、原則としてと記載した意味を解説します。それは「残業の事前申請（承認）制」を導入すれば、「事前に許可した時間＝残業時間」とすることができるからです。もちろん、1時間で事前許可したが、結果は1時間半かかった場合は1時間半の計算となりますが。

08

Checkpoint of the work

有給休暇は会社の都合で変更できるか？

有給休暇は法律で発生する要件が決まっており、「6ヶ月間の継続勤務をする」「その間に8割以上出勤する」という場合、10日間の有給休暇が与えられることになっています。そして、その後は1年ごとに8割以上出勤していると、有給休暇が与えられます。そして、有給休暇は法律で決められた権利ではありますが、「会社に有給休暇の届出を出すだけで有効となるか？」「いつまでに会社に伝えればよいか？」がよく問題となります。

例えば、風邪で会社を休む場合、始業までに電話をし、有給休暇を取得しているケースが多いです。

しかし、就業規則では「原則、1週間前までに届出する」などとしながらも、急な病気などにも対応できるようにしていることが大半です。

まずは、就業規則の参考条文をみてみましょう。

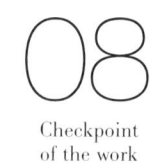

従業員が年次有給休暇を取得するときは、原則として1週間前までに、少なくとも前々日までに所定の手続により会社に届け出なければならない。ただし、突発的な傷病その他やむを得ない事由により欠勤した場合で、あらかじめ届け出ることが困難であったと会社が承認した場合には、事後の速やかな届出により当該欠勤を年次有給休暇に振り替えることができる。

条文は

・原則、1週間前まで
・少なくとも前々日まで
・突発的な場合は事後でもＯＫ

というフレキシブルな対応としていますが、これには理由があります。

それは、「会社は有給休暇を請求された日に与えなければならない（原則）」「事業に支障があれば、日をずらしてもらうことができる（会社の権利）」ということになっているからです。

つまり、会社の都合でずらしてもらうこともあるため、フレキシブルな条文となっているのです。

これに関する裁判が以下となります。

〈中原郵便局事件最高裁平成4年1月〉
○職員は3日間の有給休暇を主張した。
○郵便局は「代わりもいないので、日をずらしてほしい」と言った。
○職員はこれに応じず、休んだ。
○代替者が見つからずに必要人員を欠いてしまい、仕事に影響が出た。
○欠勤扱いとし、該当する給与を減額した。
○職員は納得いかず、裁判所へ訴えた。
最高裁では以下の判決となった。
○事業の正常な運営を妨げる行為であり、減額は適法として会社側が勝訴した。

「正常な運営を妨げる場合、有給休暇を与えないことは当然」と最高裁は判断したのです。だから、会社が「業務上やむを得ない」と考えた場合、社員が請求した有給休暇の日をずらすことは適法なのです。この判断をしなければならないので、就業規則の条文で「原則、1週間前までに届出する」としているのです。しかし、「少なくとも前々日までに」との記載もあります。これは代わりの人を手配するのに最低限の時間は必要だからです。そこで、急な事情等だったとしても、その対応をする時間として「前々日までに」としているのです。

さらに、「突発的な傷病その他やむを得ない事由」で休む場合、原則的には欠勤となりますが、会社の運用として有給休暇としているのです。つまり、病気などの理由で急に会社を休む場合、有給休暇に振り返るかどうか会社が自由に決める事ができるのです。しかし、これを欠勤扱いにするのはあんまりなので、有給休暇を充当できる運用になっていることが多いのです。

このように、有給休暇をいつまでに届け出るかについては、かなり弾力的な運用となっているのです。しかし、有給休暇を取得したい社員の方は仕事の流れを考えて取得すれば、このようなトラブルにはなりません。また、「どうしても忙しいときに休まなくてはならない」ときは早めに上司と相談する事が大切です。

09

Checkpoint of the work

社員が長期で病欠したときの対応方法

社員が業務以外の原因で、病気やケガである程度の期間、働けなくなった場合に会社はすぐに「解雇」はできません。この場合、解雇を猶予する制度として傷病の「休職制度」を設けている会社が多くあります。

最近、この休職制度がクローズアップされています。なぜなら、精神疾患を患う人が増えてきて、うつ病等でこの制度のお世話になる人が多数でてきたからです。但し、この休職制度は法律で定められているものではないので、要件などを設定する場合は就業規則の定めによることとなります。たから、休職制度を設ける場合、就業規則の条文をきちんと整え、運用することが会社のため、社員のためになるのです。

しかし、休職制度が運用される事は日常的ではないため、制度を作ったときはいろいろ考えますが、その後は放置してしまい、なんとなく存在する場合も、多くの会社で見受けられます。ただ、社員が休職せざるを得ない状況はいきなりやってきます。そのようなときに、運用を間違えてしまうと大変な事になってしまいます。

これに関する裁判があります。

〈石長事件京都地裁平成28年2月12日〉
○社員が通勤中に交通事故により負傷した。
○社員は約6ヶ月の治療期間を要する診断を受けた。
○その後、社員は別の病院で通院治療を受け、「1ヶ月の安静加療を要す」と診断された。
○社員は事故から3カ月経過後復職を申し出たが、会社は「治療に専念するように」と指示。
○その後、社員は「軽作業可能」と記載された診断書を会社に提出するも、「引き続き治療を専念し、業務を引き継ぐよう」に指示をした。
↓さらに、事故から6ヶ月経過前に手術を要するとなり、術後、2〜3ヶ月はリハビリ通院を要する旨の診断を受けた
○「事故当日から6ヶ月経過する日が休職期間の満了」であるとし、いったん退職するように社員に働きかけ、承諾をもらった。
↓休職期間は事故当日から6ヶ月経過までと説明した

↓社員は再雇用についての書面を求めたが、会社はこれを拒否した

↓上司からは「再雇用は約束されている」と口頭で述べられた

○退職届を提出し、３ヶ月が経過したときに再雇用を求めたが、会社はこれを拒否したため、社員は裁判に訴えた。

裁判所の判断は以下となった。

○休職制度は就業規則により制定されており、「業務外の傷病により引き続き１ヶ月を超えた欠勤したときに休職」と記載されている。

○休職制度の始まりは「事故の当日」からではないため会社側の説明は間違っていた。

○仮に、この説明を持って休職がスタートしたとすれば、就業規則の要件を欠く休職命令である。

○この場合、仮に社員と合意があっても、就業規則の条件より休職命令が社員にとって不利な状況となる。

○休職期間満了による退職は「無効」であるとして会社側が敗訴した。

この裁判では、法律で定められていない休職制度の根拠は就業規則にあることが明確となった裁判です。特に休職の始まりの時期について、会社側の誤った説明がポイントとなり、法的に無効となってしまったのです。

今回は6ヶ月の休職期間が問題となったのではなく、その前の欠勤期間のカウントについて問われたのです。実際に今回取り上げた事例の裁判のように休職前の期間の定義を1ヶ月の欠勤を経て、その後休職を命じるとなっている就業規則は多くあります。しかし、会社はこのことを正確に理解できているのでしょうか？就業規則で「自ら」決めた手続きを守る必要が会社にはあり、裁判等になってもこの点を厳しく追及されるのです。

10

Checkpoint of the work

GPSで社員の所在をチェックすることは可能か？

先日、ある社長から次のご相談をお受けしました。

「営業マンに業務日報を提出させ、ちゃんと仕事をしているかのチェックをしているのですが、携帯電話のＧＰＳ機能を使って管理しても問題ないですか？」

インフラの発達で、スマートフォンや携帯電話で営業マンの所在を簡単にチェックできるようになりました。しかし、社員のプライベートと関連する問題もあることから何でもＯＫとは言えない要素もあります。

では、営業マンなどの労務管理をＧＰＳで行うことは法的に問題ないのでしょうか？

これに関する裁判として、下記があります。

〈東起業事件東京地裁平成24年5月31日〉

○支店長が下請業者に請負代金の水増し請求をさせている疑惑が上がり、会社は貸与していた携帯電話のGPSで位置確認を行った。
○支店長は定年退職を迎えて退職したが、下請業者への水増し請求等が事実だったため、水増しにより着服した金額等を会社は請求し、会社は仮差押えをした。
○元支店長は水増し請求ではなく、「経費に充当した額」と主張し、この分の返還請求を行った。
○会社がGPSで所在確認したことは「不法行為である」とも主張し、裁判所に訴えた。
裁判所の判断は以下となった。
○元支店長の返還請求は認められない。
○GPSによる位置情報確認は、勤務時間帯及びその前後について、会社が従業員の勤務状況を確認することは違法ではない（早朝、深夜、休日等の労働時間外に位置情報を確認することは、原則として許されない）。
○位置情報確認については会社の不法行為を認め、慰謝料10万円の支払いが命じられた（返還請求は認められなかったが、この部分は元支店長の主張が認められた）。

この裁判では、位置情報の確認について

・勤務時間内であれば、GPSの位置情報で従業員の勤務状況の確認をすることは違法で

はない
・勤務時間外の早朝、深夜、休日等に位置情報で所在確認をすることは原則として、許される行為ではない
以上のように判断されました。

この部分を詳しくみていきましょう。会社は元支店長が支店付近のホテルにたびたび宿泊し、宿泊費を請求するなどの不審な行動があったから、早朝、深夜にも所在を確認する必要があったと主張しました。

しかし、判決では不審な行動を確認するのであれば、その都度、本人から事情を聴取することが先決であると判断されました。さらに「このような手段をとらずに、GPSの位置情報を使い、勤務外の行動を把握しようとすることにつき、その必要性を認めることはできない」としたのです。
・勤務時間帯はGPSでの位置情報の把握はOK
・勤務時間帯以外は原則としては許されない
という事が明確になったのです。

ただし、現実的にGPSを使って位置情報を確認する等を実施する場合、事前にその旨を就業規則等に記載することをお奨めします。なぜなら、会社と社員は信頼関係の上に雇

用関係が成り立っているので、社員の行動をのぞき見するような労務管理は健全ではないからです。今回の裁判でも、元支店長の行動に不審な点があったので、会社は朝から晩まで所在確認をしたのでしょうが、裁判での判断は「勤務時間以外の位置情報の確認は不法行為」とされたのです。しかし、就業規則等でＧＰＳの位置情報の確認に関する基準等があれば、不法行為とまで判断できるかは疑問と考えます。携帯電話等が会社からの貸与品であっても、プライバシー等の関連、労務管理の範囲という問題があるので、ここを明確にすることで、会社と社員の良好な関係が保たれると考えます。

11

Checkpoint of the work

持ち帰り残業に残業代の支払いは必要ですか？

働き方改革で残業時間の規制が厳しくなります。法改正はもう少し先と言われていますが、過重労働防止と従業員の健康管理のために今から準備する必要があります。業務の効率化と生産性の向上など、言葉では一言で終わってしまいますが、実行するとなると、いろいろな問題が起こると予想されます。

このような状況で、いろいろな会社で残業時間を減らす動きをしていますが、単に「残業するな」と言っているだけでは根本的な解決にはなりません。しかし、すぐに効率が良くなる働き方ができるわけでもありません。そのため、業務が終わらなければ、「持ち帰り残業が増えるのではないか？」とも言われています。

この「持ち帰り残業ですが、残業代の支払いになるのでしょうか？」と言うご質問を複数の会社からお受けしました。通常の残業は所定労働時間に業務が終わらず、それを越えて働くことで、会社の指揮命令下で行われるものです。つまり、上司等から管理された時間に実施されるものです。しかし、持ち帰り残業となると、自宅で実施される業務となるので、上司等の管理された時間となるのでしょうか？　具体的には「テレビを見ながら、ビール片手に作業をする時間」が持ち帰り残業として残業代支払いの対象となるのでしょうか？

これに関する裁判があります。

〈医療法人明芳会R病院事件東京地裁平成26年3月26日〉
○理学療法士が過労自殺し、労災認定された。
○理学療法士の両親は病院に対し、割増賃金と損害賠償の支払いを求めて裁判を起こした。
↓学術大会の準備を行うために院内および自宅で作業等を実施。
そして、裁判所は以下の判断を行いました。
○院内の学術大会の準備は労働時間である。
○自宅での準備を行った時間は労働時間にあたらない。

この裁判を詳しくみていきましょう。

学術大会は、病院の新人が参加するものとされ、その指導に先輩社員が割り当てられていた。そして、自らの担当患者に関する症例発表を行い、発表に使用するパワーポイントは院内のパソコンで作成することとされていた。

そのため、院内の作成時間は所定労働時間内に行うことが許容されていたのです。学術大会での発表は自己研鑽としての側面があり、発表の水準が一定の水準に達することを求められていたため、「準備作業は病院の指揮命令下で行われた」と考えられると判断されました。

一方、自宅での作業については、「作業量が院内の準備に加えて自宅に持ち帰らざるを得ないほどのものではない」「自宅での作業は、病院の指揮命令が及ばない」ので、労働時間に当たらないと判断されたのです。

この裁判から言えることは、持ち帰り残業について、業務の量が検証されるため、勝手に自宅で作業したものについては労働時間にあたらないということです。

しかし、上司が部下に帰り際に「これを明日の朝まで提出せよ」と命令した場合などで、その部下が残業し、さらに持ち帰り残業をした場合は労働時間となる可能性があります。

この場合、自宅が会社の管理下に置かれた場所でないとしても

・業務命令として時間的な制約を課す

・業務量から、明らかに相当数の時間を要するもの
　であれば、持ち帰り残業は労働時間となる可能性が高いのです。

　残業の問題の多くは労務管理の問題でもあります。持ち帰り残業が労働時間か否かが問われるケースで、会社側の残業管理を含めて労務管理がいい加減な場合があります。「勝手に社員が残業している」「持ち帰り残業を請求されても、時間が把握できない……」等の具体的なご相談をお受けします。しかし、その前に社員が「その仕事で、どのぐらいの業務量に何時間かけているか」を会社が把握することが、第一歩です。これを把握しないと時間管理ができないのも事実です。まずは、業務の内容、かかる業務時間の把握を行いこの仕事なら標準的に何時間かかるという基準が示されないと管理できないでしょう。

　事例の裁判の判決文にも「研究熱心で何事も妥協しないタイプ」と亡くなった理学療法士の方の院内の評価がありました。しかし、研究熱心と労働時間との問題はあくまでも別の事と裁判所も判断しています。

　このような問題に対抗するためにも、会社は社員の労務管理について、
・業務の標準時間を把握すること
・標準時間を基に残業の命令等の時間管理を行うこと
　とするのがベストです。

やってはいけないことは、業務を丸投げして時間について放置し、労務管理を行わないことです。このような現状がある場合は、今後の法改正についても対応できないので、早急な対策が必要となるでしょう。

第2章

こんな問題行動を見過ごしてはいけない

〈議題〉

こんな問題行動を見過ごしてはいけない

社長：先生！先日、仕事でミスをした社員を叱ったら「社長、それはパワハラですよ！」と逆に非難されてしまったのです。こちらは社員のためを思っての発言だったのですが……。これは本当にパワハラにあたるのですか？

先生：ハラスメント、特にパワハラは社長や上司にとって「知らず知らずに行われてしまった」ということがよくあります。なぜそうなってしまうのか？というとパワーハラスメントがどんなものか、わかっていない上司が多いからです。

社長：パワーハラスメントの定義、ということですか？それは一体なんですか？

先生：パワーハラスメントは、同じ職場で働く者に対して、職務上の地位や人間関係などの職場内での優位性を背景に、業務の適正な範囲を超えて、精神的、身体的苦痛を与える又は職場環境を悪化させる行為をいいます。
ただし、業務上の必要な指示や注意、指導を不満に感じたりする場合でも、業務上の適正な範囲で行われている場合には、パワーハラスメントにはあたりません。

社長：つまり、適正な指導はパワーハラスメントに当たらないということですね。定義の説明はわかったのですが、具体的にはどんな場面が当たるのでしょうか？

先生：多いのは上司から部下に対しての人格否定です。仕事ができない、能力不足と人格とは原則として何ら関係のないものです。しかし、上司がついつい感情的になって、「こんなこともできないのか？　この馬鹿野郎！」という発言をしてしまう……。これは、パワハラに該当します。

社長：感情的にならずに、一呼吸おいて理屈で考えて指導しなくてはいけないのですね。

先生：その通りです。また、最近のケースとして上司が部下に対して熱血指導していると上司自身が思っていることが、実はパワハラに該当するケースもみられます。この場合、会社は「どんな場合、どんな言葉がパワーハラスメントに該当するか」ということを指導する必要があるのです。決して気持ちの問題だけではなく、コミュニケーションの取り方に教育が必要ということなのです。

12
Checkpoint of the work

パワハラと指導の境界線とは？

最近、パワハラについてのご相談が多いです。特に、社長や部長などの経営職の方から「部下のためを思って注意したのに、『パワハラではないか？』と言われた」というご質問が多いのが現状です。

もちろん、業務上は「注意する」「叱る」ということは必須ですが、部下によってはその受けとめ方も様々です。また、上司自身が「パワハラと指導の違い」を理解していないと、「法律の落とし穴」に落ちてしまうこともあります。

まずパワハラの定義をみてみましょう。パワハラとは、民法の「不法行為」にあたります。そして、不法行為とは「故意又は過失によって他人の権利又は法律上保護される利益を侵害する」ことをいいます。

この定義に関する裁判もあります。

〈富国生命保険事件鳥取地裁平成21年10月〉
○女性マネージャーが上司から他の社員の前で違法行為の有無を問いただされ、マネージャー失格であるかのような言葉で叱責を受けた。
○これが原因で女性マネージャーはうつ病となり退職した。
○この行為は違法だとし、裁判所に訴えた。
裁判所の判断は以下のようになった。
○上司の発言等は女性マネージャーに対する配慮に欠ける。
○うつ病発症についての原因は上司の発言等による可能性あり。
○慰謝料３００万円を認めるのが相当として会社が敗訴した。

この裁判でポイントとなるのは「うつ病との因果関係」ですが、「部下の面前での叱責」により「配慮に欠ける」とも判断されています。
ここに注目してみると、同じような裁判例があります。

〈三洋電機コンシューマエレクトロニクス事件広島高裁平成21年５月〉

○人間性否定の表現で、大声で叱責したことは不法行為として認定。
○慰謝料10万円認めた。

〈天むす・すえひろ事件大阪地裁平成20年9月〉
○社長が社員の働きぶりを一方的に非難し、健康状態が悪化。
○健康を悪化させる言動を繰り返したことは不法行為。
○慰謝料150万円認めた。

これら3つの裁判を比べてみると「上司が部下を他の社員の前で叱責」「他の社員にも聞こえるような大声で叱責」等をすると「配慮に欠ける」と判断される可能性が高くなるのです。

もちろん、実際の現場では部下を叱ることはよくあり、上司の考え方、部下の受け止め方によっては、双方共に「指導」と考えます。

しかし、「他の社員の前」「大きな声で叱る」という2要件を満たした場合、話は変わってくるのです。

こういう場合、上司は「指導」だと思っていても、部下は「パワハラ」と考えるケースも出てくるでしょう。

ただし、労働法に強い弁護士とお話していると、「パワハラで会社が負けるケースはほとんど無い。裁判官もパワハラを簡単に認めてしまえば、世の中が回らないと知っているのではないか」ということでした。

だから、実際問題として、パワハラが裁判になるケースは少ないのですが、裁判になれば、上記2要件は論点になってくるのでしょう。よくあるケースは「何かしらの問題が起きた場合、怒りがこみ上げ、思わず、その場で怒鳴ってしまう」というものです。

しかし、これはいけないのです。

もちろん、敢えて他の社員の前で「叱る、指導する」ということは重要なことです。しかし、その状況、方法を間違えると、大きな問題に発展することもあるのです。最も危険なのは他の社員の前で、感情に任せて怒鳴ることです。こうなると社員も立場が無くなり、そうなった理由も言えなくなり、さらに、感情的なすれ違いを生むことにもなるのです。

13

Checkpoint of the work

パワハラをした社員を懲戒処分すべきか

前項ではどこからどこまでが指導で、どこからどこまでがパワハラかという問題についてお話しましたが、もう一つよくあるご相談が「パワハラをした社員の処遇をどうすべきか」という問題です。

パワハラが起こらないような事前の予防はもちろん大事ですが、それと同じく起こってしまった際に事後の処置をどうするかも重要な対策です。甘い対応では再発を招いてしまいますし、厳しくしすぎれば処罰を受けた社員から不当処分だと主張されてしまう可能性もあります。

これに関する裁判があります。

〈M社※事件東京地裁平成27年8月7日〉

※不動産仲介、管理、賃貸を営む会社
○営業部長Ａは大阪支店から異動してきた部下Ｂの成績が悪いので、厳しく指導を実施した。
○部下Ｂに対し、部会、個人面談で、「自発的に退職に追い込む発言」を繰り返していた。
○部会でＢに対し、以下の発言があった。
↓「仕事があっていない。お前は浦和（現営業所）では無理だ」
↓「お前は周りの人間に迷惑を掛けている。申し訳ないと思わないのか」
↓「諸経費を考えて２０００万円稼がないと合わない。２０００万円稼げないと会社には必要ないんだ」
↓「従来の研修でどうしようもないと判断したのが２人、その内の１人がお前だ」
↓「１２月までに２０００万円手数料を稼がないと、会社を辞めると一筆書け」
○その後、部下Ｂは個人面談に呼び出されて以下の発言があった。
↓「稼がないなら辞めろ。責任を取れ」
↓「お前の子供は幾つだ。お前の成績表を子供にみせたらもうわかるだろう。お前がいかにダメな親父かわかるだろう」
○その他の社員に対しても複数のパワハラと思われる言動があった。
○会社は営業部長Ａの発言等をパワハラと認定し、降格処分を実施した。

↓営業部長から担当部長に1段階等級を下げた。
○これに対し、Aは「パワハラは存在しないし、就業規則にパワハラ防止の記載がない」「降格は不当」と裁判を起こした。
裁判所は以下の判断を下した。
○部下に対する職務にからむ単なる「いじめ」、「嫌がらせ」ではなく、度を超したハラスメントともいえるもので、退職を強要しこれを迫ったものである。
○同社の就業規則にはパワハラ防止についての記載はないが、社内に配布された「コンプライアンスの手引き」で、パワハラに対する記載があった。
○パワハラが存在し、降格は違法ではないとして会社側が勝った。

この裁判を詳しくみてみましょう。

Aは就業規則にパワハラ防止が記載されていないので、仮にパワハラが存在しても懲戒事由に該当しない、また、会社の調査がずさんであると主張し、懲戒処分である降格は不当行為と主張しました。

しかし、会社はパワハラについての指導啓発を継続して行っており、ハラスメントのない職場作りが経営上の指針であることも明確にしていたのである。よって、Aは幹部としての地位、職責を忘れ、相反する言動を取り続けたものであるから、降格処分を受けることは当然のことであると裁判所も認めたのです。

調査については、Ａに対して賞罰委員会による審議で弁明の機会を与え、また、社員に対して丁寧な調査が実施された結果、事実と認定しているのでこれに対しても問題は認められないとしたのです。

また、懲戒処分を行う場合は「どんなことをしたら、こういう処分になる」と就業規則に定めていることが必須なのですが、この裁判ではその条件が欠落していたのです。しかし、コンプライアンスの手引きを会社全体に周知させ、ハラスメント撲滅に取り組んでいたことについて、裁判所が効果を認めて懲戒処分を有効としたのです。もし、コンプライアンスの手引きが周知されておらず、会社の姿勢が「ハラスメントのない職場作り」が経営上の指針でなければ、この結果にはならなかったでしょう。

ある意味、特殊な状況だったのですが、ハラスメントに対する取り組みが評価されたのです。

14

Checkpoint of the work

仕事を与えなくてもパワハラになる？

社員のメンタル問題は、相変わらず多くのご相談をお受けします。一番多いのは、「社員の様子がおかしいのですが、どのように対応したらいいでしょうか？」と言うご相談です。

この場合は、本人とコミュニケーションを取って、専門医への受診をすすめ、診断書を提出してもらいましょう。会社の考えだけで、精神疾患と決めつけることは誤りで、必ず医師の意見、エビデンスを添えたうえで、今後の方向性を決めましょう。そして、多くは病気による休職を命ずるという方向に向かうのです。

また、復職後に「再発したようだ」「やはり治っていないのでは」とのお問い合わせをご相談されるケースもあります。その際も再び医師等と相談し、再び休職とするのか？それとも退職に向かうのかを判断することになります。

このような場合、やってはいけないことがあります。それは、仕事を与えず放置することです。

これに関する裁判があります。

〈広島中央労基署長事件広島高裁平成27年10月22日〉

○うつ病により会社を休職していた社員Ａが復職した。

○各種帳票を出力、カットする業務を行うこととなったが、業務完了報告が不十分であったため取引先からクレーム等が続いた。

○会社はＡの業務内容を変更し、ジョブフローの作成と印刷業務のサポートを行わせたが、Ａから「難しいからできない」との申し出があった。

○その後、会社はＡに磁気テープの廃棄準備作業を命じたが、「ばかばかしい」等と言って数日で作業を行わなくなった。

○会社は具体的な仕事を３ヶ月程度与えず、また、Ａの席を大部屋に移した。

○そして、Ａは反復性うつ病障害として休職した。

○Ａは会社からパワハラを受けて、休職となったので労災に該当するとして、労災の休業補償給付を請求するも、労働基準監督署から不支給の決定を受けた。

○これを不服として、Ａは裁判所に訴えを起こした。

○第Ｉ審ではＡの主張は通らず、請求は棄却された。
○Ａは第Ｉ審の結果を不服として控訴した。
高裁は次の判断を行った。
○疾病は業務に起因する心理的負荷によって発症したものと認められ、業務起因性が認められる。
○Ａに対する休業補償給付につき不支給とした監督署の処分は違法である。

この高裁判決を詳しくみていきましょう。ポイントとなった点ですが、「うつ病の発症が、業務が原因であるか」という点です。高裁は「会社が具体的な仕事を3ヶ月程度与えないこと」について、「仕事を与えられない状態におかれることで、心理的負荷が強くかかる」としています。そして、そのストレスは「うつ病等の精神障害を発症させる程度の負荷」であったと判断したのです。

つまり高裁は、会社のパワーハラスメントに該当すると判断したのです。職場のパワハラは平成24年1月30日の厚生労働省、「職場のいじめ・嫌がらせ問題に関する円卓会議ワーキンググループ」がまとめました。その中で「業務上の合理性なく、能力や経験とはかけ離れた仕事を命じることや仕事を与えないこと」との分類があり、今回はこれに該当すると判断されたのです。

その後、Ａは会社を休職し、裁判上の和解によって会社を退職したのです。

この事例から考えなければならないことは、精神疾患だから（だったから）業務を与えない、もしくは、能力や経験とはかけ離れた仕事を命じることは許されないのです。

もし、上記のような対応を行ったら、パワハラとして判断されてしまうのです。

15
Checkpoint of the work

セクハラで会社の責任は問われるのか？

先日、ある社長から次のご相談を頂きました。

「昨年の忘年会でのことです。課長とその部下数人が羽目をはずして、数名の女性社員に抱き付く、肩を抱き寄せるなどがありました。女性社員から「セクハラなので処分してほしい」といわれましたが、どうしたらよいのでしょうか？」

実は、セクハラの問題は残業、解雇と並んで数が多いトラブルです。そして、慎重に取り扱わなければならない問題です。

この問題の最初に行うことは、事実関係の確認をする必要があります。そして、セクハラ行為に該当するかしないかを会社が判断し、就業規則に基いた処分を実施することになります。

しかし、「何の調査もせず、時の経過と共に騒ぎを収めたい」という社長もいらっしゃいます。

社歴の長い会社の場合、「セクハラなんて、コミュニケーションの１つだ」「それを『セクハラだ』なんて言う方がおかしい」「セクハラがあっても、何の対処もしない」というひどいケースもあります。

実は、これが一番危ない対応なのです。なぜなら、迅速に対応したかどうかで、会社の責任の有無が変わってくるからです。

これに関する裁判があります。

〈広島セクハラ（生命保険）事件平成19年３月広島地裁〉

○宴会の席で営業所長他２人が女性外交員に抱き付く、肩を抱き寄せるなどの行為があった。

○女性外交員らは会社に「宴会の行為はセクハラだ」と訴えた。

○営業所長らは「宴会を盛り上げようとしたのでセクハラではない」と主張。

○会社はセクハラと判断し、営業所長らに懲戒処分を科した。

○女性外交員は営業所長らへ損害賠償の請求と会社への「使用者責任」を求め、裁判を起こした。

裁判所は以下の判断をした。

○営業所長らの行為はセクハラであり、損害賠償の対象となる。

○会社はセクハラに対し、迅速かつ適正な措置を行っている。
○会社には不法行為がなく、使用者責任はない。

つまり、この裁判では
・セクハラをした営業所長らに対する損害賠償は認められた
・会社の使用者責任は認められなかった
ということです。

これは、セクハラ発覚後の会社の対応が迅速、適正に行われたからです。この点を認めて、裁判所も会社の責任を問わなかったのです。逆にいうと、対応が遅く、適正な対処ができない場合は会社も責任を追及されていたということです。

「時間の経過と共に風化させる」というのは、会社の責任を回避できるのに、していないということです。ちなみに、厚生労働省に「セクハラ指針」というのもがあります。そこでも「迅速かつ正確に事実を確認し、行為者、被害者に対する措置を適正に行うこと」と定められています。まとめると、

・セクハラが発覚したら、すぐに事実関係を調査し、記録に残す
→対応の日時なども記載し、時系列での記録を残す

・セクハラの行為者には就業規則等に沿った処分をする
・被害者への精神的なケアを行なう
→例：別室できちんと話す

ということです。これをしておけば、裁判例にもあるように、会社の使用者責任を問われる可能性は低いでしょう。「忘年会、新年会などでは酒の勢いも手伝うこと」「セクハラの基準、定義が人によって違うこと」などにより、どんな会社でもセクハラは起きる可能性があります。

だからこそ、厚生労働省のパンフレットも参考にして頂き、以下のような施策に取り組んでいくべきでしょう。

・事前に就業規則などの制度を整備する
・セクハラの基準に関する社内認知の徹底する
→例：抱きつく、肩を抱き寄せるなどはセクハラ

大手生命保険会社で裁判までいったことも事実です。事が起きてしまったら、迅速に対応するということが大切なのです。

16

Checkpoint of the work

ハラスメント対策を実施しないと……

２０１７年10月から育児介護休業法が改正となり、マタニティハラスメント（マタハラ）への対応が盛り込まれ、企業は対応が迫られています。企業のハラスメント対策の具体策として厚生労働省の指針（主にセクハラ）が参考となります。

（1）事業主の方針の明確化及びその周知・啓発

・職場におけるセクシュアル・ハラスメントの内容・セクシュアル・ハラスメントがあってはならない旨の方針を明確化し、管理・監督者を含む労働者に周知・啓発すること

・セクシュアル・ハラスメントの行為者については、厳正に対処する旨の方針・対処の内容を就業規則等の文書に規定し、管理・監督者を含む労働者に周知・啓発すること

（2）相談（苦情含む）に応じ、適切に対応するために必要な体制の整備

・相談窓口をあらかじめ定めること
・相談窓口担当者が、内容や状況に応じ適切に対応できるようにすること、また、広く相談に対応すること
（3）事後の迅速かつ適切な対応
・事実関係を迅速かつ正確に確認すること
・事実確認ができた場合は行為者及び被害者に対する措置を適正に行うこと
・再発防止に向けた措置を講ずること（事実が確認できなかった場合も同様）
（4）（1）から（3）までの措置と併せて講ずべき措置
・相談者、行為者等のプライバシーを保護するために必要な措置を講じ、周知すること
・相談したこと、事実関係の確認に協力したこと等を理由として不利益な取扱いを行ってはならない旨を定め、労働者に周知・啓発すること

これらの内容は、基本的にパワハラなど、他のハラスメントについても共通する考え方です。もし、「ハラスメントが発生している」と社員から会社に訴えがあった場合、相談窓口や対応の体制を決めていないと会社の安全配慮義務違反となる可能性があります。

これに関する裁判があります。

〈関東学院事件東京高裁平成28年5月19日〉

○大学の事務職員が上司からパワハラ及びセクハラを受けたと主張し、大学のハラスメント防止委員会に対して申立てを行った。

↓ハラスメント防止委員会の審議で、委員による事務職員を侮辱しかつ名誉を毀損する発言（録音）があり、事務職員の人格権が侵害された。

↓事務職員と同じ上司からハラスメントを受けていた嘱託社員について異動があり、報復措置として異動が命じられるのではないかとの恐怖を与えた。

○大学は当事者双方に事情聴取をし、申立てが適切であることを確認できなかった。

↓調査を開始することは難しいと決定し、問題の原因は当事者間のコミュニケーション不足にあると判断した。

○事務職員は、ハラスメント防止委員会がハラスメント防止規程に則って適切な措置を執らないと裁判を起こした。

↓大学に対し安全配慮義務違反、セクハラ防止委員会の委員の不法行為に係る使用者責任による損害賠償請求、慰謝料200万円＋遅延損害金の支払を求めた。

○第1審は事務職員の請求を全部棄却する判決をしたので、事務職員は控訴した。

高裁の判断は以下となった
〇嘱託社員についての異動は経過時間が４年であるため報復措置として認められない。

〇ハラスメント防止委員会は調査等を規則通り実施し、適切な措置を実施して結論を導き出した。

↓委員会は非公開の手続で、録音をしない運用がされているが無断で録音したものであり証拠能力は認められない（違法性が極めて高い）。

〇事務職員の請求を全部棄却し、学校側が勝った。


この裁判で問題となったのは学校の「安全配慮義務」についてです。具体的には「ハラスメント防止委員会がハラスメント防止規程等に基づいて運用されているか？」ということが争点となったのです。裁判所は、「学校側の運用は法的にも問題はなく、十分機能していた」と判断し、安全配慮義務違反は「なかった」と判断しました。

安全配慮義務に対し、会社等が取るべき体制は
・ハラスメント等の対応、防止のルールを明確にする
・ハラスメント防止ルールに基づく運用が実施されている
等となっています。つまり、「規定だけ」、「相談窓口だけ」では不備となってしまい、ルールと運用が合致して初めて安全配慮義務が実行されているということになるのです。

17
Checkpoint of the work

社員同士のトラブルの対処法は？

セクハラ、パワハラなどの嫌がらせの問題は多様になっています。以前は上司が部下に対して「業務の範囲を超えて嫌がらせをしている」というものでしたが、最近では「部下から」「同僚から」パワハラを受けているというご相談も増えてきました。

この場合、社員が「この上司と仕事をしたくない」「この同僚が嫌い」という話になってきます。もちろん、これがパワハラであれば問題なのですが、単なるわがまま、通常レベルの人間関係の行き違いであることもあります。

これに関する裁判があります。

〈アンシス・ジャパン事件東京地裁平成27年3月27日〉

○社員Aは同僚Bと2人体制で業務を行うこととなった。

○ＡはＢとコミュニケーションが取れないとして、上司の部長に繰り返し改善を求めた。
○部長はＡをチームリーダーに指名し、Ｂへの仕事の割振りや指導を行うように指示。
○ＡがＢに担当業務を行っていないと指摘したら、Ｂが「自分の仕事ではない」と反発し、口論となった。
○Ａは部長に体制の変更を求めたが、何ら応答がなかった。
○Ａは、技術部所属の社員全員とＢに対し「Ｂは顧客対応に問題がある」というメールを送信した。
○この行為がパワハラに当たるとＢが主張し、会社はＡに対し、パワハラの調査を実施した。
○会社は「パワハラは無かった」とし、改めてＡに対し、Ｂへの指導を指示されたが、Ａはこれを断った。
○部長から「ＡとＢはお互いをサポートする体制をとること」と指示があったが、ＡとＢ対策をしなかった。
○Ａは会社に異動を申し出たが、部長より「今までの体制で仕事をするか？会社を辞めるか？」と伝えられた。
○Ａは退職したが、「心身の健康を損ねた」として裁判を起こした。
裁判所は以下の判断をした。
○パワハラに関しては会社の調査通り、存在しないとした。

○Aが「パワハラを訴えたB」と一緒に仕事を担当することは、Aの精神的負担がとても大きく、会社は対応をする必要があった。
○会社はAに対し、安全配慮義務が欠けていたとして慰謝料50万円の支払い命令が出された。

この裁判では、Bが主張したパワハラを認められませんでしたが、上司部下の関係でないとしても、特別な判断基準はありません。

パワハラの基準は
・明らかに職務の範疇を超えた行為であること
・被害者側が精神的苦痛を感じていること

などです。しかし、この裁判で問題となったのは、パワハラの調査後の対応です。パワハラはないので「今まで通りの業務を継続せよ」という点で、パワハラとまではいかないが、「トラブルを抱えた社員2人体制で業務をさせること＝安全配慮義務違反」と判断しているのです。

裁判所も「会社は2人のどちらかを他部署へ異動させるか、業務を完全に分離させることが必要であった」と指摘しています。

さらに、会社がAに対し「同じところで働くか？　辞めるか？」という選択を迫ったこととは精神的に追い打ちをかけたと判断されています。

人間関係でのトラブルの場合、会社はどのような対応をするのかが非常に難しいです。「好き」や「嫌い」だけでは発言した者の「わがまま」とも考えられます。しかし、実際に業務に支障が出たり、健康問題に発展したら、何らかの対応が必要となるのです。

具体的に業務に支障がでたら、

・何が問題なのか
・解決策はあるのか
・異動等の検討
・業務の分離
・机等の配置の分離（現場の意見として、これだけでも効果は高い）
・上司が積極的に介入する

など、工夫次第で状況が大きく変わることもあります。

18

Checkpoint of the work

社員が突然出社しなくなったら……

先日、ある社長から以下のご相談をお受けしました。

「ある社員が突然いなくなり、無断欠勤を続けたまま10日が経ち、携帯電話にも出ないし、自宅のアパートや実家に連絡しても全く所在がわかりません。会社としては、やむを得ず退職扱いにしようと考えているのですが、問題ないですか？」

このようなケースは1年に1回程度、顧問先で発生することがあります。通常、社員が「会社を退職したい」という場合、退職願や退職届を提出し、「会社を辞める」という意思表示をして辞めるのです。

ご相談のケースは「突然いなくなった」という状況で、本人の意思表示も上司への挨拶もなく、「本人の意思」を確認することができません。もし、「書き置き」や「退職願」などがあれば、法的にも退職の意思が確認できるかもしれませんが、これでは本人の「法的な」意思表示があったとはいえません。

このような場合に備えるために、一定の事柄を「懲戒解雇理由」として、定めておくことが重要となります。

具体的には就業規則の懲戒規定に以下の記載をすることをお奨めします。

従業員が次の各号のいずれかに該当するときは、諭旨解雇又は懲戒解雇に処する。ただし、情状により減給又は出勤停止とする場合がある。
(1) 正当な理由なく、欠勤が14日以上に及び、出勤の督促に応じない又は連絡が取れないとき
〈以下省略〉

ご相談のケースでは「無断欠勤を続けたまま10日」なので、後4日を経過しないと上記の規定には該当しませんが、14日以上経過したら、本人の退職の意思表示が無くても「懲戒解雇」が成立するのです。だから、就業規則に上記のような規定があるかが重要なのです。社員が突然出社しなくなるという事態はいきなり発生することなので、今すぐに加筆するべきです。

しかし、就業規則に書いてある条件が成立しただけでは完全ではなく、解雇などの手続

きがあることも覚えておかなければなりません。民法97条では「意思表示はその相手方に到達したときに効力が生じる」としていますので、懲戒解雇の通知も本人に到達しない限り、法的な効力は生じないのです。

つまり、成立はするが、効力は生じていない状況なのです。

これに関する裁判があります。

〈兵庫県社土木事務所事件大阪高裁平成8年11月26日、最高裁平成11年7月15日〉

○県職員が多額の借金を抱え、失踪した。

○県は約2ヶ月後に無断欠勤を理由に懲戒免職として、職員の妻に処分通知書を渡し、その後県公報への掲載をした。

↓県公報を職員の失踪前の住所に郵送した。

○職員の不在者財産管理人が選任され、財産の管理が行われたが、不在者財産管理人が「本人に通知が届いていないので、懲戒免職は無効、退職金が支払われるべき」と主張した。

大阪高裁では以下の判断がなされた。

○県が公示送達による手続きを取らなかったことから、免職の効力は無効。

○定年での退職金に相当する額、約2300万円の支払いを命じた。

最高裁では以下の判断となった。
○県は、行方不明となった職員に対する懲戒免職の手続きについて、以前のケースでも「家族への通知」「県公報への掲載」という方法で行っていた
○この職員もこの方法で免職処分がされることを知っていた。
○二審判決を破棄とする。
○高裁に差し戻された結果、県側が勝訴。

このケースの場合、県職員の懲戒免職で以前にも同様の前例があり、また、以前から県公報への掲載の方法が取られていたので、最高裁は高裁に差し戻したのでしょう。

しかし、民間企業で「家族への通知」、「社内報に掲載」だけでは効力が認められないと考えます。だから、同じようなケースで、「退職金等の請求」で争いが予想される場合、簡易裁判所に対し、公示送達（民法98条の２）の手続きをするべきです。

19
Checkpoint of the work

就業時のネット利用の問題について

パソコンの普及などにより「メールで知人と連絡を取る」「インターネットで情報を集める」ということが容易にできるようになりました。そして、社員が勤務時間中に私的にメールやインターネットを使うことも珍しいことではありません。

そんな情勢もあり、「私用メールを禁止させるにはどうしたらよいか」「インターネットの閲覧制限をしたい」などのご相談をお受けするケースが増えています。

技術的には、サーバーなどの設定により、制限をかけたり、閲覧履歴を保存しておくこともできます。ただし、これは多額のコストがかかる場合もあるし、どこまでやるかという側面もあります。

今回は労務の側面から考えてみたいと思います。もちろん、業務連絡や情報収集であれば問題ありませんが、私的に使用することは業務の妨げになります。放置すると「仕事をしているフリ」がまかり通ってしまいます。

そこで、対策について考えていきましょう。

２００6年に労務行政研究所より「インターネット等の私的利用に関する実態調査」が発表されました。

これによれば、就業規則でインターネット、メールの私的利用のルールを定めている企業の割合は
・定めている企業　…48・9%
・定めていない企業…51・1%
となっています。つまり、ほぼ半数の企業でこのルールが定められています。

これを企業規模で見ると
・300人以上の企業…72・4%
・300人未満の企業…32・7%
となっています。（複数回答のため、合計100%を超えています）
このデータから分かることは中小企業での対応が遅れているという事実です。
ここでの法的な問題点は「メールなどの私的な使用がそもそも許されるのか」ということです。なぜなら、「社員は職務に専念する義務」に違反する可能性があるからです。

参考となる判例をご紹介しましょう。

〈日経クイック情報事件東京地裁平成14年2月〉

○他人を誹謗中傷するメールの発信元を調べるため会社は社員（全員）のメールを調査

○ある社員が多量の私用メールを送信している事実が発覚

○この社員を懲戒処分とした（処分の内容は不明）

○これに対し社員は会社をプライバシーの侵害、名誉毀損で訴えた

裁判所は以下の判決を出した

○私用メールは職務に専念する義務に違反

○私的に会社の施設を使用することは企業秩序の違反行為

○私用メールは一般的に懲戒処分の対象になる

ただし、この判例と逆のものもあります：

〈グレイワールドワイド事件、東京地裁平成15年9月〉

○社員が就業時間中に私用メールを送った。

○これを主な理由として解雇。
○社員は「解雇は無効」とし、裁判を起こした。
○就業規則で私用メールが禁じられていなかった。
○社員の送受信した私的メールが1日あたり2通程度であった。
○裁判所は「職務に専念する義務に違反しない」とした。

つまり、解雇は無効となったのです。
もし、あなたの会社で「私的メールを制限する条項を入れたいならば、次のように記載すればいいでしょう。

第●条従業員はインターネット、電子メール等、会社のパソコンを業務以外の目的で利用してはならない。また業務に利用する際は社会的責任、法的責任を十分に認識し慎重に行うこと。
（2）会社のパソコンを業務以外の目的で利用した場合は第●条の懲戒処分または第●条の解雇処分の対象となる。
（3）会社は従業員のインターネット、電子メールの利用状況等を従業員の承諾なく、必要に応じて調べることができる。

このように定めれば、「私用メールは懲戒処分の対象」という認識が生まれます。この前提無しでの懲戒処分はしない方が懸命です。

特に、最近のオフィスでは、他人と話をせず、1人で画面に向かっている時間が長い場合もあります。何も問題が無ければ、特に制限しない方がいいのですが、実際の世の中では様々な問題、事故が起きています。最終的には、就業規則だけでなく、現場レベルでどれだけ柔軟に運用するかということも大切です。

ただし、問題が起きた時は「就業規則」が大前提となるのです。「備えあれば、憂いなし」という言葉にもあるように、モレの無い就業規則を作っておくことは本当に重要なことなのです。

20
Checkpoint of the work

会社の情報漏えいを防ぐには？

先日、ある社長から相談を受けました。

「ある社員が会社の機密情報を持ち出し、ライバル会社へ流しました。その社員はメールで情報を送っていたのですが、偶然、私はこの事実を知ったのです。この社員を解雇できますか？」

どんな会社にも企業機密はあります。中には、ライバル会社に知られたら、大きな損失になることもあります。そのため、社内規則で「慎重に取扱う」と決めている会社もあります。

例えば、就業規則の服務規定に書かれています。一般的な記載例を簡単にご紹介すると、こんな形式です。

〈服務規程〉

第○条従業員は次の各号に該当する行為を行ってはならない。

○会社に属するコンピュータ、電話（携帯電話を含む）、ファクシミリ、インターネット、電子メールその他の備品を無断で私的に使用する。

○会社及び関係取引先の重大な秘密及びその他の情報を漏らし、あるいは、漏らそうとする。

このように決めて、情報漏えいを防ぐのです。そして、『服務規定』に違反＝懲戒処分（重い場合は解雇）」とも記載しておくことがポイントです。

しかし、一般的なひな型では服務規定と懲戒処分がリンクされていないものもあり、これは大きな落とし穴なのです。

なぜならば、服務規定に禁止事項を記載していても懲戒処分とリンクしていなければ、違反しても懲戒処分（重い場合は解雇）を実施できない状況となるからです。

だから、就業規則の懲戒処分に下記のことも記載しましょう。

〈懲戒処分〉

第○条の服務規定に違反したときは情状に応じて、減給、出勤停止、降格、懲戒解雇等の罰則を適用する。

こうしておけば、上記の「大きな落とし穴」は無くなります。

このご相談の件ですが、この会社の就業規則では服務規定と懲戒処分がリンクされていました。だから、懲戒処分（重い場合は解雇）にすることができるのです。ただし、ここで問題があります。この社長は「偶然に」社員の不正を発見しました。しかし、この会社には「メールの監視に関する規則」が無かったのです。

問題は、

・メールの監視に関する規則が無い

・この状態で、勝手にメールを見ていいのか？

ということです。

実は、社員の電子メールを勝手に見ると「プライバシーの侵害」に発展する可能性があります。もちろん、情報を漏らしてもいい訳ではありませんが、「勝手に」のぞき見するのも問題です。この問題を防ぐには、「会社は必要な場合、社員の電子メールを見ることができる」と就業規則に書いておきましょう。この１文でプライバシーの侵害の問題はクリアされるのです。

このように、罰則1つでも細かな注意が必要となります。しかし、市販のひな型ではそこまでフォローできないのです。これは風邪をひいたとき、市販の総合感冒薬を飲むようなものです。やはり、医師に診てもらい、出された薬を飲む方が効きますよね。これと同じなのです。特に、人の問題でトラブルになれば、軽い風邪のレベルでは終わりません。

21

Checkpoint of the work

ライバル会社への転職を防ぎたいのですが……

会社の秘密が流出しないように社員にライバル会社への転職を防いだり独立して競業を行わせないように義務を負わせることを「競業避止義務」と言います。

社員として働いている間、会社は労働契約に基づいて「業務専念義務」「業務誠実義務」等を課すことができ、会社の利益に反することに制限をかけることができますが、社員が退職したら、いろいろな制限をかけることは厳しくなります。

なぜなら、憲法で「職業選択の自由」が保障されていて、ライバル会社への転職、独立して競業を行うことを原則として禁止できないのです。

しかし、会社の情報等が漏れてしまうと、業務に支障が出る場合があります。それが、営業秘密や製品の開発情報などであったら、事業の存続が危ぶまれる可能性もあるからです。

よって、合理的な範囲で退職後の競業を制限する合意が認められる場合があるのです。

ただし、「会社の不利益」と「職業選択の自由を制限される社員の不利益」を比較し、「会社の不利益」が大きくなければ競業を制約することはできません。

そして、社員が退職後にライバル会社に転職したり、独立して競業を行った場合、競業避止義務違反を会社は主張することになりますが、このことは「公序良俗違反」として無効となる可能性があります。

これに関する裁判があります。

〈東京リーガルマインド事件東京地裁平成7年10月6日〉

○会社と監査役との間に締結された「退任後における後者の競業禁止」を定める特約の中で、退職後2年間の競業禁止期間が存在していた。

○監査役は退任し、競業で独立し、事業を開始した。

○会社は元監査役に対し、競業避止義務を定める就業規則、役員就業規則及び個別の特約に基づき、競業の営業の差止めを求めた。

そして、裁判所は以下の判断を行った。

○労働契約終了後は、職業選択の自由の行使として競業行為であってもこれを行うことができるのが原則である。

〇労働者は、使用者が定める契約内容に従って付従的に契約を締結せざるを得ない立場に立たされるので、競業避止義務を定める特約を締結せざるを得ない。

〇労働契約終了後の競業避止義務を定める特約が公序良俗に反して有効とはいえず、代償措置も十分ではない。

〇会社側敗訴となった（その後、和解となった）。


憲法で保障された職業選択の自由を制約する競業避止義務が有効となるのは難しいと判断せざるを得ません。

しかし、次のような裁判もあります。


〈野村證券事件東京地裁平成28年3月31日〉

〇会社が元社員に対し、退職する際、同業他社に転職した場合は返還する旨の合意をして退職加算金を支給した。

〇退職後に元社員は同業他社に転職した。

〇会社は返還合意に基づき退職加算金相当額と遅延損害金の支払を求め裁判を起こした。

裁判所の判断は以下となった。

〇退職金加算制度は社員が申請し会社が承認した場合、退職金に加えて加算金を支給するという制度であり、これを利用するか否かは社員の自由に委ねられている。
〇会社を退職しようとする社員は、同業他社に転職する合に退職加算金をこの制度を利用しなければよい。
〇早期退職の代償措置としての意味もあるが、社員の選択に委ねられたものであるので、同業他社へ転職した場合は、返還すべきであるとして会社側の主張が認められた。

上記の裁判例から言えることは、競業避止義務を法的に認めることはかなり厳しいということですが、代償措置等があれば、有効となる可能性が開けてくるのです。

そのために、
・営業秘密等の会社が守らなくてはならない情報等が何かを明確にする
・社員の地位により、競業避止を課す立場か否かを明確にする
・競業避止義務の存続期間が何年かを明記する
・競業行為の明確化、代償措置の実施
以上のようなことを検討し、実施することで、競業避止義務の有効性が高まってくるのです。

しかし、多くの社長は「一筆もらえば、ライバル会社への転職を阻める」と考えています。これは、さすがに「憲法（職業選択の自由）」違反と判断されてしまいます。

22

Checkpoint of the work

バイトテロを防止するには？

「アルバイトが店で悪ふざけをしている写真をツイッターに投稿して、お客様からクレームが来たのですが、どのような処分をすればよいでしょうか？」

このようなご相談は数年前から増加しており、会社としても「ふざけるな」では済まなくなっています。

実際に、これが原因で閉店に追い込まれた店もあります。たとえば、悪ふざけの画像等をツイッターやフェイスブックなどに投稿しているケースがあります。

投稿する側としては「目立ちたい」、「単なるいたずら」などの軽い気持ちだったのかもしれません。しかし、経営側が受ける損失は計り知れないものがあり、会社そのものの存続が危ぶまれるケースもあるのです。

このような行為をメディアでは「バイトテロ」と報道していますが、投稿した本人達は悪ふざけの延長かもしれません。しかし、単なる悪ふざけでは済まなくなってしまうのです。重要なのは、「やってはいけないこと」を分かりやすく説明し、「なぜ、してはいけないのか？」まで具体的な言葉で伝えることです。

例えば、「会社内、店舗内の写真は投稿しない」などです。

具体的には、採用時に交わす労働契約書にＳＮＳ等における禁止事項を列挙することが必要です。

以下に記載例を掲載します。

○掲示板、ツイッター、フェイスブック又はブログその他の方法により、インターネット等に以下の情報の書込みや画像等の掲載をしない。
・会社（店）の名称等、会社（店）で勤務していることを窺わせる一切の内容
・会社（店）の施設、書類、勤務中の社員（アルバイト）及び他の社員（アルバイト）
・会社（店）の業務内容
・会社（店）の取引先、顧客に関する情報
○会社（店）が不適切な記載と判断した事項については、直ちに削除、修正の手続きを行う。
○勤務時間中は職務専念義務を負っていることを自覚し、インターネットへの個人的な書込みや閲

覧は短時間でも行わない。

一般的な就業規則では職務専念に関する記載はありますが、抽象的な事項の列挙だと従業員やアルバイトに伝わらないこともあります。特に、インターネットの投稿等は判断がつかないケースもあります。これを防止するために、入社時に提出してもらう労働契約書に「具体的な内容」を記載し、認識してもらうことが大切なのです。また、ルールだけではなく、上司や周りの社員がアルバイト等に関心を持ち、見守ることが大切です。経験値の浅い人が限界を知らず突っ走ってしまうことに制限をかけるのは周りの人達です。アルバイト世代が利用する媒体で書き込みができるものはどんどん増えています。それだけに、経営者層が気付くことが遅れ、顧客からのクレームで初めて知ったということも普通にあるでしょう。

第3章

こんな労務管理はいけない

〈議題〉

こんな労務管理はいけない

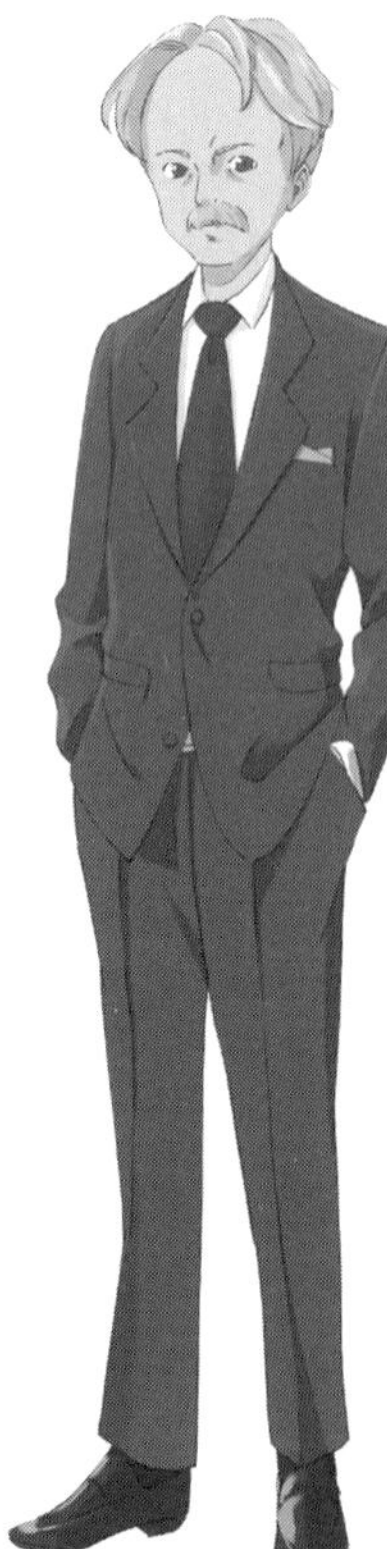

社長：労務管理とは一体どんなことをするのでしょうか？

先生：労務管理とは一言で言えば「社員、人材の有効活用」という事です。「生産性を上げる事」「利益を上げる事」「商品を開発し社会に還元する事」等、会社としての目標を達成するために、社員にやる気を出して働いてもらうことを目的とした人材の活用を意味します。

社長：社員にやる気を出してもらい、目標を達成してもらうことはわかりましたが、具体的にはどのような事なのでしょうか？

先生：具体的には、労働者の募集、採用に始まり、配置、異動、教育訓練、人事考課、昇進、昇給、賃金や労働時間の管理等、退職に至るまでの一連の流れを適正に管理する事なのです。

社長：人に関わる管理と言う理解で大丈夫ですね。なるほど、労務管理は会社経営の要といっても過言ではなさそうですね。

先生：「企業は人なり」と言われますが、いくら社長が優秀でも社員が動かなければ会社の発展はありません。そもそも企業とは「ヒト」「モノ」「カネ」の3つの経営要素から成り立っています。その中で、最も重要な「ヒト」を活かすための管理活動が「労務管理」なのです。

社長：今の時代、労働法の知識を基に、適正な対応を行う事、即ち法令遵守（コンプライアンス）を重視し、会社の信頼を高める事を目的とした労務管理を行うことが求められているのですね。

先生：コンプライアンスを守らないと「ブラック企業」なんて言われてしまい、レッテルを張られると今後の事業に大きな支障をきたすことになってしまいます。そうならないためにもしっかりとした労務管理が必要なのです。

23

Checkpoint of the work

求人票の採用条件を変えてはいけない？

ハローワーク等に出す求人票の内容は重要です。

なぜなら、仕事を求めている人が掲示されている労働条件で、仕事を判断し、会社に連絡をするからです。求人票に記載されている労働条件が、雇用契約の内容となる前提で、雇用契約締結の申し込みを行うからです。

もし、この条件と異なる労働条件で雇用契約を締結するのであれば変更について、詳細な説明があり、求職者が変更について合意し、はじめて「新たな」契約として締結することとなるのです。

しかし、現場では「正社員では難しいので1年間の契約社員で採用したい」等の話がよくあり、その際に変更のプロセスがいい加減で、後々トラブルが発生することとなる場合があります。

これに関する裁判が以下となります。

〈デイサービスA社事件京都地裁平成29年3月30日〉
○会社はハローワークで求人票をだし、求人活動を行っていた。
○この求人をみたA氏（当時64歳）はこの求職に応募した。
↓雇用期間は「期間の定めなし」と記載
↓定年制度は決まっていない（定年なし）
○採用が決まり、働き始め、契約書には「1年契約」、「定年65歳」と記載されていた。
↓A氏は「これを拒否すると仕事がなくなり収入が途絶える」と考えて署名押印
○1年後、会社は有期雇用契約に基づいてA氏の雇止めを実行した。
○A氏は「雇止めは無効」とし、裁判を起こした。
裁判所は以下の判断を行った。
○労働契約は「期間の定めの無い契約として成立した」と認められる。
○定年制はまだ決まっていないという回答でしたが、求人票には「定年制なし」と記載されていたので、定年は無いと判断した。

以上により、A氏の主張が通り、会社は負けたのです。

この裁判を詳しくみていきましょう。

まず、基本的に「求人票の内容が労働条件になる」ということが大前提です。もし、雇用条件を変更するのであれば、「同意が必要」となります。しかし、この「同意」のハードルがかなり高いのです。雇用条件を変更し、その同意を求めるのであれば、「自由な意思に基づいてされたものと認めるに足りる合理的な理由が客観的に存在する」と認められないからです。

今回の場合、すでに仕事を開始している、拒否すると収入が途絶えるということで変更が認められなかったのです。つまり、自由な意思でなく、合理的な理由もないと判断されたのです。

類似の裁判で結論が異なるものがあります。

〈藍沢證券事件（東京高裁平成22年5月27日）〉

〇デイサービスA社事件ではすでに就労後であったが、藍沢證券事件は就労前であった。

〇デイサービスA社事件では、本人が他の条件や会社を選択できる立場ではなかったが、藍沢證券事件の場合は前の会社を辞めておらず、選択できる立場であった。

○従業員側の不利益をもたらす程度が異なっていた。

　この事件では、求人票には正社員と記載されていたところ、その後の有期契約に署名押印したというものです。求人は雇用契約の申し込みの誘引で、「その後の契約で従業員となろうとするものが著しい不利益が無い場合は合意内容が優先する」となったのです。

　この裁判から考えなければならないことは、労働条件の変更にはリスクが伴うということです。しかし、多くの会社で「労働条件に変更に合意があれば、即有効」と考えている場合が多いです。

　例えば、制度が複雑な場合、不利益の程度が大きい場合等は会社の十分な説明が最低条件でしょう。十分な説明を行い、それを記録に残し、本人達に条件変更等の考慮期間を与えることで初めて有効となる可能性が大きくなるのです。単に「合意」「同意」の一筆があるから、「条件変更は完璧に有効」とはならないのです。

　求人票と異なる条件で雇用契約を結ぶ場合は、採用前にきちんと変更箇所についての説明を行い、変更についての合意をして下さい。そして、その状況を記録することをおすすめします。入社直後のトラブルを回避するためにも、会社として防衛策をめぐらす必要があるのです。

24

Checkpoint of the work

経歴詐称で解雇できるか？

会社では採用時に応募者の能力等を判断するために履歴書、職務経歴書などの提出を求め、採用面接を行い、学歴、職歴を確認しています。

しかし、事実が履歴書や職務経歴書の記載内容と異なる場合もあり、経歴詐称となることがあります。ちなみに、経歴詐称で入社した場合、多くの会社の就業規則等では、懲戒事由に該当し、懲戒解雇と定められています。また、経歴詐称について争われた裁判例も多くあり、解雇を認めた場合と認めなかった場合に分かれています。

では、その分かれ目はどのように判断されるのかをみてみましょう。

これに関する裁判があります。

〈パチンコ店従業員解雇事件岐阜地裁平成25年2月14日〉

○アルバイト社員（女性）はパチンコ店ホール担当として働いていた。
○会社に提出した履歴書に２ヶ月半、風俗店に勤務していたことを職務経歴書に記載せず入社した。
○働き始めてから約５ヶ月後、風俗店のホームページにアルバイト社員の顔写真が掲載されていたことで、このことが会社に発覚してしまった。
○発覚後、会社は「虚偽の職務経歴書の提出」と「会社の名誉及び信用を傷つける行為」を行い、これらは就業規則の懲戒解雇に該当するとして、この社員を懲戒解雇した。
○アルバイト社員は会社の対応に納得がいかず、裁判に訴えた。
裁判所は以下の判断とした。
○アルバイト社員が風俗店で働いていた期間は約２ヶ月半で、比較的短い期間であった。
○会社は解雇通告後約１ヶ月間、そのままホールスタッフとして就労を継続させていた。
○アルバイト社員は責任のある立場ではなく、あくまでも現場のスタッフの１人である。
○職歴に関して、風俗の職歴があっても業務は可能である。
○アルバイト社員の勤務態度について特段問題はない。
○総合的に考慮すると、懲戒解雇は重すぎる。
○以上により、会社が敗訴となった。

この裁判で会社は、
・風俗店での職務履歴を記載しないことが、経歴の詐称に該当する
・会社はアルバイト従業員が風俗店に勤務していたことが会社の名誉、信頼を傷つけた
と主張しています。

しかし、裁判所の判断は、経歴詐称は「単に、嘘をついたから許さない」ということではなく、「それによって企業秩序がどのように侵害されたか」が具体的に検討されることを必要としたのです。

次に経歴詐称で解雇が有効となった裁判をみてみましょう。


〈グラバス事件東京地裁平成16年12月17日〉
○社員はＪａｖａプログラマーとして採用された。
↓職務経歴書にはＪａｖａプログラミング能力があるように記載。
○その後、社員が担当するプログラミング作業において、Ｊａｖａ言語のプログラマーとしてはあり得ない質問をした。
○チーム内の社員から「仕事が分かっていないようである」と指摘あり。
○会社は「必要であれば、応援の社員を入れる」という申し出をしたが、進捗状況について、まと

もに答えなかった。
○会社が納期に間に合うか確認したところ、プログラムがほとんどできていないことが判明。
○社員はＪａｖａプログラミング能力が無いにもかかわらず、それがあるかのような記載をした職務経歴書を会社に提出し採用されていたため、会社は社員を即日解雇をした。
○社員がこの決定を不服として裁判となった。
裁判所は次の判断をしたのです。
○プログラマーとして採用されており、重要な経歴を偽っての採用となるため、就業規則の解雇事由に該当する。
○納期に間に合うかどうかという確認時点で、ほとんど未完成であったため、実際の業務に支障が出ている。
○プログラミングの能力が無いにもかかわらず、「能力がある」という経歴詐称は悪質である
○懲戒解雇は有効とした。

この2つの裁判を比較すると、
・経歴について、積極的に詐称したかどうか？
・業務に支障が出ているか？

という点が裁判での解雇を有効にするか無効にするかの別れ目です。

パチンコ店解雇事件の裁判では、経歴について、職歴を記載しなかったのですが、グラバス事件では能力があるという「嘘の記載」をしています。また、パチンコ店解雇事件は業務への影響は出ていませんが、グラバス事件では、納期を脅かす状況となって会社の信用問題にもなりかねない状況だったのです。

この差が裁判での解雇を有効とするか、無効とするかの差と言えます。

25
Checkpoint of the work

管理職は本当に残業手当が免除されるのですか？

多くの中小企業が労働基準監督署の調査で管理職の残業代を指摘されています。具体的にどこがポイントなのかみてみましょう。

一般的には「課長等の管理職には残業代は払わなくてよい」となっていますが、そんな単純な問題ではありません。会社がいくら管理職として運用しても、それは会社内部でのことです。当然ですが、労働基準法での管理職としての形式を満たしていなければ、残業代を払わなければなりません。

だから、会社として「労働基準法上の管理職」を正しく理解することが必要となります。

しかし、労働基準法での管理職の定義は明確ではないのです。

そこで労働局の基本通達をみてみると以下のようになっています。

・経営者と一体的な立場で仕事をしている
・出社、退社や勤務時間について厳格な制限を受けていない
・その地位にふさわしい待遇がなされている

しかし、これだけでは管理職の定義はわかりません。あやふやな中で管理職を判断しなければならないのです。

そこで、日本マクドナルド事件（平成20年1月東京地裁）の判決を基本通達に沿ってみてみましょう。

日本マクドナルド事件は「店長は管理職なのか？」を争った裁判です。結論は「店長は管理職ではないので、今までの残業代を支払いなさい」となったのです。

その時の東京地裁の判断として、以下の点が重視されました。

・経営者と一体的な立場か？
→店長はアルバイトの採用権限、時給決定権限のみ、部下の人事考課の1次考課のみ行ない、最終決定に影響力はなし
・出勤時間に制限を受けていないか？
→形式的には制限を受けていなかったが、実態は違っており、店長は長時間の残業をしていた

○その地位にふさわしい待遇か？
→下位の者より年額で約44万円しか上回らず、十分な処遇ではなかった。
そして、東京地裁は「職務の内容、権限及び責任からも、その待遇からも、管理監督者とは認められない」としたのです。その後この裁判は控訴となり、東京高裁で和解となりました。
それから、この東京地裁の判決後、多店舗展開をする業種向けに管理職の判断に対する基本通達が出ました。その内容も、この判決に沿って出されており、具体的には以下となっています。

〈多店舗展開小売業等の管理監督者性の判断要素〉
○職務、権限　店舗のアルバイト等の採用、解雇について権限あり、部下の人事考課に権限あり、勤務シフト作成に権限あり
○勤務　遅刻、早退等により減給されない、遅刻、早退等で人事考課が下がらない
○賃金等の待遇　時給換算した場合、アルバイト等より高額な金額をもらっている。時給換算した場合、最低賃金を超えている

以上の基準を満たしていたら、法的にも管理職と考えられます。

裁判も通達も基本的には管理職の判断をするポイントは同じです。しかし、このポイントを実際の会社に当てはめた場合が問題です。例えば、チェーン店の小売店舗で、店長1人、社員5人、アルバイト1人としましょう。この店長がアルバイトにしか人事権を使えなかったら、この店長は管理職ではないでしょう。

なお、法律の判断などは会社の規模は関係ありません。だから、中小企業であったとしても、裁判や労働基準監督署の調査になった場合に問題となるのです。実際、労働法に強い弁護士に質問したところ、「中小企業の大半の管理職は裁判では認められないのではないか」とお話しされていました。

こういうことが大きな問題に発展しないようにするためにも、実務的な対応をする必要があります。具体的には、「管理職手当や役職手当を設定する」「想定される残業代をみなし残業代として、これらの手当に織り込む」「管理職の定義を賃金規程に明記する」「管理職から賃金についての同意を得る」とするのです。

26
Checkpoint of the work

管理職の深夜残業手当はいくら払えばいいのか？

「管理職には残業代と休日出勤手当は不要」ということは多くの方がご存知かと思いますが、この定義だけではなく、深夜残業の問題もあるのです。

結論から言うと、「管理職でも深夜労働をしたら、深夜手当が必要」となります。

ちなみに深夜労働とは「午後10時〜午前５時」の労働を指します。

「管理職は全ての残業代等は不要」と勘違いし、この支払いを忘れている会社がとても多いのです。

実際に労働基準監督署が調査に入ったら、

・一般社員への残業代等は支払われているか？

・一般社員、管理職への深夜労働手当は支払われているか？

といったことが調べられるのです。

これに関して、理髪店チェーンの総店長が残業代、深夜労働手当を求めて起こした裁判があります（平成21年12月最高裁）

これに関する最高裁の判断は「総店長というポジションは管理職なので、残業代の支払いは不要」「管理職でも深夜労働手当の支払いは必要」となったのです。

だから、管理職に深夜労働手当を支払っていなければ、労働基準監督署の調査等で指摘される可能性が高くなります。

ただし、上記の最高裁の判例で興味深い記載もあります。それは「労働協約や就業規則などで管理職の給与には一定額の深夜労働手当を含める旨が記載されている場合、その時間分の深夜労働手当は不要」となっています。

だから、管理職に対する深夜労働手当の対策として、就業規則などに「管理職の基本給には○時間分の深夜労働手当を含む」という旨の記載をしておくことが必要です。こうしておけば、一定時間までの深夜労働手当は不要となり、労働基準監督署や裁判所に指摘される可能性は減ります。ここはかなり多くの会社で見落としている部分です。

もちろんこの手前の問題として「形式上は管理職でも実態として管理職か否か」という

論点も重要ですし、マスコミ報道もあって議論がそこばかりに集中している傾向がありま す。その影で管理職の深夜労働問題が隠れてしまっているのです。しかも、これは金銭的リスクが発生するので、ここを押さえることはとても重要なのです。

ちなみに、深夜労働手当の計算方法は「その人の１時間あたりの平均賃金×25％」です。たとえば、ある管理職の１時間あたりの平均賃金が３０００円であれば、「３０００円×25％＝７５０円」を支払うということです。

ここで勘違いが多いのは、この管理職が「１時間」深夜労働した場合、もらえる給料は３７５０円ではなく、７５０円のみということです。

ただし、「管理職を深夜に労働させると安く済む」という考え方は危険です。なぜならば、この考え方が起点となって、名ばかり管理職の問題が勃発したからです。もっとも、管理職が名ばかり管理職ではなく、本当に管理職ならば、「管理職を深夜に労働させると安く済む」という考え方は成り立ってしまうのですが……。

ただし、そこだけをポイントにしてしまうと、管理職が疲弊してしまい、企業の成長はありません。

総合的に考えて、管理職の定義と実態の明確化と共に、深夜労働のあり方を考えていかなければならないのです。

27

Checkpoint of the work

パート社員用の就業規則がなかったら……

すかいらーく、ユニクロなどのサービス業、日本郵政が非正規社員を正社員にする動きが報道されています。そのせいでしょうか、非正規社員と正社員の線引きがより注目されており、企業規模を問わず、非正規社員と正社員との違いについてのご質問を頂くことが多くなりました。以下、一部、非正規社員をパート社員と表記して解説します。例えば、「パート社員の給料は、時給にしなくてはいけないのか？」「パート社員にもボーナスを支給しなくてはならないのか？」「パート社員にも退職金を支給したいが、問題ないか？」などがありました。

これらのご質問は会社でルール等を決めれば、可能です。パート社員でも時給でなく、日給や月給でもＯＫですし、ボーナスや退職金制度を設けてもよいのです。法律では、非正規社員と正社員は「短時間労働者と労働者」という区分がされているだけで、これは単に働く時間が短いか長いかの違いだけです。だから、これらの雇用形態の違いにより待遇に違いを出したい場合は、就業規則等で定めて運用する必要があるのですが、多くの会社では「パート社員用の就業規則」を作成していないのが現状です。

しかし、パート社員用の就業規則が無いと、その違いは「無い」となり、パート社員も正社員も同じ待遇である、となってしまうのです。

これに関する裁判が以下となっています。

〈日本ビクター事件横浜地裁昭和41年5月27日〉

○臨時工であるが更新により長期にわたり雇用されている従業員がいた。
○突然30日分の平均賃金を支払われ、勇退扱いとされた。
○この扱いが不当と裁判に訴えた。

裁判所の判断は以下となった。

○臨時工に関する就業規則はない。
○臨時工ではあるが、更新により長期間の雇用関係が継続している。
○常用工（＝正社員）に対する取り扱いと同様にすべきとして、従業員側が勝訴した。

結果として、正社員の就業規則を臨時工にも準用すると判断されたのです。

このように、正社員の就業規則をきちんと作成しても、パート用の就業規則を作成し忘れると大変なことになってしまうのです。もちろん、これは就業規則を補完する賃金規程、退職金規程等についても同じことがいえます。

パート社員と正社員の待遇に違いを出すなら、これらも別々に作成する必要があるのです。例えば、正社員には退職金を支給するが、パート社員には支給しない会社があったとします。しかし、退職金規程は正社員用のものしかありません。この場合、長年勤めたパート社員は退職金の請求ができる可能性が高くなってしまうのです。

上記で、なぜ、「可能性」と書いたかというと、正社員用の退職金規程が準用される可能性が高いからです。これは退職金に限らず、「特別休暇」「賞与の支給」なども同じです。

このような事態にならないために、パート社員と正社員の待遇に違いを出したい場合は、勤務実態に合わせた別々の規程を作る必要があります。もちろん、1つの就業規則の中で別項目として記載してもＯＫですが、使いやすさ、見やすさなどから別々に定めた方がいいのです。

誤解が多い部分は、退職金、賞与、特別休暇以外で問題となりやすいのが「昇給」「労働時間」「残業、休日出勤の取扱い」「転勤」などですので、ここの部分ははっきりと条件を明示して下さい。

最後にもう1点。パート社員用の就業規則を作成し、労働基準監督署に届け出る場合、パート社員代表の意見を聞いて提出するのではありません。パート社員を含む「全社員」の代表者の意見が必要となります。もちろん、この代表者は正社員用の就業規則に関して意見を述べた代表者と同じでも構いません。今回のテーマは保全ができていない会社が多い部分なので、きちんと覚えておいてくださいね。

28

Checkpoint of the work

労働契約と業務委託契約の違いとは？

「その人が社員なのか？外注先なのか？」という問題はいつの時代にもよくある質問です。先日もあるＩＴ関連の社長から下記のご質問を受けました。

「雇用契約と業務委託契約の分岐点はどこにあるのか？雇用契約書や業務委託契約書が無い場合はどう判断するのか？」

もちろん、税務であれ労務であれ、契約書の形式ではなく、実態で「総合的に」判断します。だから、「完全に明確な」線引きは無いのですが、ガイドライン的な基準はあります。当然ですが、社員は労働基準法の適用あり、外注先は労働基準法の適用なしとなります。労働基準法は社員を保護する法律ですから、実態は社員なのにその適用が受けられないとなると、問題となります。そこで、労働基準法が適用になるかどうかは契約書の形式ではなく、実態をみて判断することになっています。

実際に、会社が外注先と認識していても、労働基準監督署の調査があったことや、外注先が労働基準監督署に飛び込んだことによって、「外注先を社員」とされてしまうこともあるのです。

具体的には下記のような基準となっております。

・業務遂行にあたって指揮命令があるかどうか
↓「拒否できない＝雇用契約」、「拒否できる＝業務委託契約」
・勤務場所および勤務時間の拘束があるかどうか
↓「拘束がある＝雇用契約」、「拘束がない＝業務委託契約
・労働を他の者が代行できるかどうか
↓「代行できない＝雇用契約」、「代行できる＝業務委託契約」
・報酬の基準は時間か結果か
↓「時間＝雇用契約」、「結果＝業務委託契約」
・欠勤した時に給与が控除されるかどうか
↓「控除される＝雇用契約」、「控除されない＝業務委託契約」
・残業手当がつくかどうか

↓「残業手当がつく＝雇用契約」、「残業手当がつかない＝業務委託契約」
・報酬の額が同様の業務に従事している社員に比べて高額か
↓「同じような額＝雇用契約」、「高額＝業務委託契約」
・報酬は労働に対する対価か？ 納品に対する対価か？
↓「労働に対する＝雇用契約」、「納品に対する対価＝業務委託契約」
・業務に使用する機械、器具の費用負担
↓「会社負担＝雇用契約」、「本人が負担＝業務委託契約」

実際、下記の裁判（労務）もこれに沿っています。

〈横浜南労基署（旭紙業）事件最高裁平成8年11月〉
○運転手が自己所有のトラックを持ち込み、会社の指示で輸送を行う業態の会社だった。
○輸送中に災害を被ったため、会社は労災を申請した。
○横浜南労基署は「労災でない」と主張し、争いになった。
最高裁の判断は以下のものでした。
○この人は自己所有のトラックを持ち込み、業務を実施していた。

〇会社からの指示は単発で、運送先、納品時刻などが伝えられるだけだった。
↓出発時刻、運転経路、運転方法などの指示は無い
〇運送以外の指示はなく、始業、終業の時刻は決められていなかった。
〇報酬は移動距離によって決まっていた。
〇ガソリン代、修理費、高速道路料金も本人が負担。
〇源泉税、社会保険料の控除もしていない。
〇「この人は外注先なので、労災の申請はできない」という判決となった。

としたのです。こういう「外注先なのか、社員なのか」という問題はよくありますが、本人の意向で「外注先として仕事をしたい」ということもあります。

本人側のメリットとしては「働く期間、働くペースを本人が選択しやすい」「契約した仕事だけに集中できる」「成果に連動して報酬を上げやすい」「複数の企業と同時に仕事できる」「仕事や顧客を自ら選択できる」「定年がない」「家で仕事をすれば、家賃も経費になる」などとなっています。

また、会社側のメリットとしては「残業代の支払いが無い」「社会保険料の負担が無い」「業務に対して成果で報酬を支払うだけ」「業務管理が必要ない」「外注費であれば、消費税

の控除ができる」などとなっています。

しかし、逆の面もあります。たとえば、同じ仕事をしたとしても「社員の給与よりも外注先の報酬の方が多い」となる場合が大半ということです。だから、業務の種類、内容などをよく検証し、雇用契約、業務委託契約のどちらかが適しているのかを判断しましょう。

29
Checkpoint of the work

在宅勤務と残業について

ＩＴ環境の発達もあり、在宅勤務は数年前から注目されています。また、当初は仕事と家庭のバランスを考えるライフワークバランスの決め手として推奨されてきました。最近では東日本大震災後に在宅勤務を導入し、節電対策の意味も含め、これを継続させている会社もあります。

しかし、この流れの中で「在宅勤務の労務問題」というご相談が増えました。その中で一番多いのが残業代についてです。具体的には「在宅勤務者が深夜にメールをした場合などは残業代などの支払いが必要になりますか？」というものです。もちろん、在宅勤務の場合は労働時間の明確な管理はできませんが、在宅勤務者にも労働基準法が適用されます。

だから、「残業の時間帯に働けば、残業代を払わなければなりません」というのが結論なのです。この話をすると、多くの社長は納得されません。「自宅で仕事をし、勤務時間も自由なのに、遅くなったら残業等の割増賃金が必要なんて……」とこぼされます。特に、深夜や休日などに働いている事実があれば、残業手当、深夜手当、休日手当の支払いが必要になるのです。実際に、労働基準監督署の調査で在宅勤務者の労働時間を調べた事例も多くあります。そして、未払い残業代が指摘されるケースもよくあるのです。在宅勤務の社員だからといって、労働基準法は見逃してはくれません。しかし、無尽蔵に残業代を認めていたら、経営が成り立つはずもありません。では、どうしたらいいのでしょうか？

それは「みなし労働時間制」の導入です。みなし労働時間制とは以下となっています。

・実際の1日の労働時間が5時間だったとしても、所定労働時間（例：8時間）の労働したものとみなす（逆に、1日10時間働いた場合、8時間とはならない）

・作業量が多いことが予め分かっている場合は業前から残業があったものとみなす（最初から残業代を支払う。残業代は最初から固定させてしまう）

だから、在宅勤務者がいる場合、以下のような条文を就業規則に記載し、運用することが必要です。

第〇条（事業場外の労働）

主として事業場外において業務に従事するため、就業時間を算定しがたい者は、所定労働時間労働したものとみなす。
また、業務量が多い場合は、あらかじめ残業時間を設定し、その範囲内で業務を完了することとする。

この規則に従って、在宅勤務の社員を管理しましょう。そうすれば、厚生労働省の「在宅勤務のガイドライン」の条件を満たすことにもなり、深夜労働などは認められなくなりますので、深夜残業代などを支払わなくてもいいことになるのです。

〈在宅勤務のガイドライン平成20年7月28日〉
○みなし労働時間制を就業規則に記載し、運用すること
○深夜労働、休日労働を行う場合は事前に申請し、会社から許可を得る
○結果を必ず報告すること
○事前に申請せず、結果の報告がなかった場合、下記の（1）～（3）に該当しなければ、労働時間ではない
（1）深夜や休日の労働を強制させられたり、義務付けられた場合
（2）1日の業務量が膨大な場合や納期が強引な場合

（3）深夜または休日にメールを送信した場合

結論として、みなし労働時間制を導入する場合、
・想定される残業代は事前に設定する
・想定外の残業、深夜労働などの事前申請、許可、報告を徹底する
・深夜や休日にメール等で報告させない

という条件ならば、労働時間とみなされないのです。ここで、特に重要なのはメールの送信時間であり、「決められた時間の範囲外はメールなどでの報告をしない」というルールが必要になります。もちろん、問題が起きた場合などは別ですが。

なぜならば、労働基準監督署の調査で在宅勤務者の残業を調べられ、深夜のメール送信があった場合は深夜手当の支払い勧告がなされるからです。また、労働基準監督官の調査で勤務時間がよくわからない場合は、「メールの送信時刻」「パソコンのログイン、ログアウトの時刻」で労働時間を「形式的に」算出します。だから、この「形式」が非常に重要なのです。

仮に、この間に休憩や働いていない時間があったとしても、「それは労働時間ではない」と会社側が証明するのは非常に困難となります。結果、会社は適正な反論、立証ができな

いことが多いので、休憩時間も含めて労働時間とみなされてしまう可能性が高くなるのです。

時代の流れもあり、在宅勤務の社員も増えています。しかし、その労働時間の管理がいい加減になっているケースも少なくありません。管理しないならば、在宅勤務ではなく、別の方法を検討すべきでしょう。そうしないと、大きな爆弾を抱えたまま、進むことになるのです。

30

Checkpoint of the work

定年後の再雇用について

ある社長から質問されました。「定年で退職する社員から、再び雇ってほしい」と言われました。この場合、どのようにすればいいのでしょうか？

法律上、「定年＝雇用契約の終了」を意味します。そして「再雇用＝新たな労働契約の締結」になります。だから、再雇用するか、しないかは会社の自由であるのが「原則」です。

しかし、例外もあり、再雇用しなければならない場合もあります。それは、①定年後に再び雇用する契約になっている、②過去の例から判断し、再雇用が当然の状況になっている、などの場合です。この場合は「再雇用しない＝法律違反」となります。

ちなみに、平成18年4月に高年齢者雇用安定法が改正となっています。これによると、65歳未満の定年制度がある会社は次のいずれかの選択をしなければならないのです。

・定年の引き上げ（最低65歳まで）

・定年後、再雇用を希望する人は「全員」最低65歳まで再雇用する
・定年制度の廃止
ご質問頂いたケースでは、どの選択もしていませんでした。そこで、就業規則を改定し、定年を65歳に上げることにしました。法律が改正されてから、約3年が経過しています。しかし、まだ選択をしていない会社が多いことも事実です。つまり、法律違反のまま、放置されているのです。

こういう会社は「社員が労働基準監督署に飛び込んだ」、「労働基準監督署の調査があった」という場合に大きな問題に発展する可能性もあります。もし、あなたの会社がまだ選択していないなら、「必ず」選択するようにして下さい。それは「法律上の義務」なのです。

具体的には、就業規則の改定で対応します。

それから、他社で選択済みの会社は「定年後の再雇用」を選択している場合が多いです。逆に言えば、「定年の引き上げ」、「定年廃止」を選択する会社は少ないのです。

もちろん、本人が再雇用を希望しない場合もあります。だから、定年制度は60歳、本人が希望すれば65歳まで再雇用ということでもＯＫです。また、「再雇用＝正社員」でなくてもＯＫです。

例えば、「契約社員」「パートタイム」「アルバイト」「顧問」などの形式でもＯＫです。

上でご説明したとおり、「定年後の再雇用」を選択した会社は、希望者「全員」を対象としなければなりません。しかし、これは「契約」なので、お互いの合意が必要です。社員が「この条件では嫌だ」と言えば、契約は不成立です。この場合は「会社は再雇用の義務違反にはならない」のです。

それから、「再雇用＝原則は最低65歳まで働く」となります。しかし、経営状況の悪化により、再雇用をやめたいこともあります。その場合は、下記の条件が必要となります。

・人員整理の必要性があるか
・整理する人を選ぶ基準の合理性があるか
・解雇を回避しようとする努力をしたか
・社員に対してきちんと説明会等を実施したか

これらを総合的に判断して人員整理の妥当性を図るのです。定年後の再雇用だからといって、安易な人員整理はできません。逆に、上記の条件がクリアできれば、人員整理も有効になるのです。

最後に、再雇用を選択した場合の注意点をお伝えします。

繰り返しになりますが、希望者「全員」の再雇用が「原則」です。

しかし、「本人の意欲」「本人の能力」「本人の健康状態」に注意を置きましょう。

特に「健康状態」には個人差があるので、慎重な判断が必要です。また、正社員でなくてもＯＫですから、健康状態や本人のライフスタイルを考えた働き方を受け入れてもＯＫです。例えば、労働時間を短くする、簡単な作業をさせるなどです。この部分は柔軟な対応が必要になります。

あなたは「61歳になる社員は当分いないから、ウチは関係無い」と思っていませんか？　時間的には余裕があっても、就業規則が現在の法律に対応していない会社は沢山あります。就業規則は「会社の成長に合わせて改定するもの」「法律改正があったら対応するもの」です。

31
Checkpoint of the work

退職願はどの時点から有効か？

「ある社員が退職願を提出した後、『退職を撤回したい』と言って来ました。どうすれば、良いのでしょうか？」

先日、このようなご質問を頂きました。

逆に、社長や上司が引き留め、退職願を一日預かるということもよくあります。では、この退職願とその効力発生の時期はどう考えればいいのでしょうか？

まず、本題の前によく混同される「退職願」と「退職届」の違いについて解説します。これらは一文字しか違いませんが、大きく異なるものです。ここは勘違いされている方が多いですから、よくお読みください。

○退職願……退職を願い出る書類

↓「○月×日に退職したい」という「お願いする書類」
↓退職を希望していることを表明するもの
↓例えば、「○月×日に退職させて頂きたいと思います」と書く
↓単なる「お願いする書類」なので、自らの意思で撤回できる
○退職届……退職を届け出る書類
↓「○月×日に退職します」という「届出書」
↓退職への強固な意志を表明する
↓例えば、「○月×日に退職します」と書く
↓退職願と違い、その旨を届け出たものなので撤回できない

ということです。

だから、封筒に記載されている「最後の1文字」が「願」なのか「届」なのかによって、大きく取扱いが違うのです。もちろん、内容（書き方）もタイトルに合ったものである必要はありますが。

ちなみに、テレビなどで「辞表」を上司に提出する場面がありますが、この場合の辞表は「退職願」に相当します（該当ではありません）。

ただし、社員が辞表を提出するのは法的には間違いです。なぜなら、「辞表」という書類を出すのは、役員などだけだからです。

つまり、「辞表」とは「役員などが提出する退職願」ということです。

では、冒頭のご質問に戻りましょう。冒頭のご質問であったのは「退職願」です。社員からの退職願の提出は法的には「会社への労働契約解約の申し込み」となります。だから、会社が承諾すれば、労働契約は解約となり、社員は退職することができます。

結果として、会社が承諾する前なら撤回はＯＫですが、承諾した後は撤回できないことになります。これについて参考となる裁判があります。

〈大隈鉄工所事件最高裁昭和62年9月〉

○社員が自ら退職を申し出た。

○人事部長は慰留したが、その場で退職願に記入、署名、捺印し提出した。

○提出の翌日に社員は退職願を撤回すると人事課長に申し出た。

○人事課長はこれを拒否。

○社員は「退職は撤回された」と訴えを提起した。

裁判は最高裁まで行き、結果は次となった。

○本人から申し出があった後、人事部長が退職願を受理した。
○これは「労働契約の解約申込み」と「会社の承諾の意思表示」に該当。
○労働契約の解約の合意が成立したものとして、会社側が勝訴した。

この裁判のポイントは「労働契約の解約の申込みは、人事部長などの権限のある責任者が承諾した場合には解約合意が成立すると確認された。」ということです。

この裁判では、人事部長が慰留したのを聞き入れず、退職願をその場で提出し、これを受け取ったことで退職が成立したのです。ということは、逆に言えば「退職の意思表明は権限ある責任者が承諾するまでは撤回できる」ということにもなります。だから、就業規則等に退職の決定に関する事項を記載しておくことが重要となるのです。

32

Checkpoint of the work

退職時の有給休暇の消化

退職する社員から「有給休暇を消化するので、明日から休みます」と言われたことはありませんか？ もちろん、仕事の引継ぎが終わっていれば問題ありませんが、まだ終わっていなければ、業務がまわりません。

しかし、退職時の有給休暇を消化させないことは難しいのです。なぜなら、退職時であっても、有給休暇の消化は「法的に」認められているからです。

ただし、「休むのは仕事の引継ぎが終わってからにして下さい」と伝え、有給休暇を取得する日を「強制的に」ずらすことはできるのです。

しかし、強制的にずらせないケースもあります。

・「残りの出勤日数」と「有給休暇の残日数」が同数

・「残りの出勤日数」より「有給休暇の残日数」の方が多い

ならば、強制的にずらせないのです。しかし、これがカベとなり、引継ぎがきちんと行なわれないならば、会社としては困ってしまいます。

そこで、社員が勝手な判断で退職できないように、就業規則の整備が必要となります。たとえば、下記のように記載します。

第○条労働契約終了時の引継ぎ
○労働契約を終了する社員は、契約終了日までに誠実に勤務し、業務に支障をきたさないように引継ぎを行う必要がある。
○引継ぎを完了しないで退職しようとする場合は懲戒の対象となる。
○引継ぎは所定の書面にて実施する。完了時には上席者の確認をもらう。

このように、引継ぎを完了させない場合は懲戒処分の対象となることを就業規則に記載するのです。

具体的には、退職金の減額や最終給料の減額を検討することになります。

こうしておけば、勝手な判断での有給休暇の消化ができなくなるのです。

それから、退職日をずらす方法もあります。これは引継ぎが完了し、そこから有給休暇を消化させ、消化が終了した日を退職日とする方法です。これは退職後の転職予定が決まっていない社員なら、問題ありません。

しかし、転職先が決まっており、在籍期間を重複させることができない場合、この方法はできません。この場合は、残りの有給休暇を買い取ることも考えましょう。

本来、有給休暇の買い取りは禁止されています。しかし、例外として退職時の有給休暇の残日数を会社が買い取ることは「法的に」問題ありません。

この場合、余計な支出が出てしまいますが、会社にとっても社員にとってもメリットはあります。

会社のメリットは

・早く雇用関係が終了する
↓モチベーションの低下した社員を早めに退職させることができる
・社会保険料を削減できる
↓買い取った日までが雇用契約となる
↓買い取り日の翌日以後の有給休暇は労働保険の対象外

→健康保険料、厚生年金保険料も会社負担額が減るケースもある

・有給休暇の買取額は自由に設定できる

→買取額は任意に設定できる

→事前に買取金額等を労使協定で決めておく

となります。

また、社員のメリットは

・退職日が早まる

→消化しきるまで、在籍しなくてもＯＫ

→転職先との重複期間の問題もない

・買い取ってもらったお金が入る

→退職所得となり、所得税、住民税が安い（社会保険料はかからない）

→「退職所得の受給に関する申告書」を提出してもらう必要あり

ということです。

会社にとって問題なのは、引継ぎせずに有給休暇の消化をされることです。

・就業規則において引継ぎのルールを決める
・重複期間に問題がなければ、退職日をずらす
・買い取りのオプションも検討する
と保全しておけば、退職前後のトラブルは大きく減るのです。

第4章

こんな給与・就業規則はいけない

〈議題〉

こんな給与・就業規則はいけない

社長：就業規則が会社にとって重要だ！とよく言われますが、何が重要なのですか？

先生：就業規則は会社と社員を結ぶ会社の憲法ともいわれるぐらい、とても大切なものなのです。なぜなら、これにより働き方が定められていて、就業規則によって会社のルールが確定するからです。

社長：なるほど、大切なものはわかりましたが、何をルールとしているのでしょうか？

先生：会社で働く従業員に向けて社内における「規則」を明示化したものです。具体的には、労働時間や休日、休暇、支払われる賃金額、入退社時の手続きなど、従業員が会社へ入社し、退社するまでの間に必要とされる取り決めの内容が記されています。

社長：この取り決めを守って運用することが求められるのですね。ところで、就業規則は役所にとどけなくてはいけないという話を聞いたことがあるのですが・・・。

先生：就業規則の作成義務については「常時10人以上の労働者を抱える会社では、就業規

則を作成しなければならない」と義務づけられています。所轄の労働基準監督署に届け出ることが法律で決まっているのです。10人を超える労働者がいるのに就業規則を作成・または行政へ届け出ていない場合は、30万円以下の罰金という処分が科されることとされているので注意が必要なのです。

社長：よくわかりました。私の会社でも確か届出をしているはずですが、もう一度総務部長に聞いてみます。ところで、就業規則は社員のためのものなのでしょうか？

先生：いや、会社のためのものでもあるのです。考え方の行き違いを防ぐツールとして、就業規則は有効です。たとえば、解雇にまつわる規定を整備することで、解雇トラブルを未然に防ぐことができますし、正社員とパートなどの間で生じる格差トラブルを明示することでトラブル防止することができます。賃金規程などの明確化は給料トラブルへの対策となるのです。

33

Checkpoint of the work

給料減額に異論がなければ承諾となるのか？

アベノミクスで「給料を上げよう」と叫ばれていますが、中小企業はまだまだ厳しいところが現実です。実際、私のところには、多くの会社から「給料を下げたい」というご相談があります。

しかし、給料を下げることは社員にとっては厳しい問題でもあり、法的にも「労働条件の不利益変更」は社員の同意が無ければ、禁止となっています。

ただし、同意がないままに減額し、単に社員が下がった給料をもらい続けたら、これは「承認した」とみなされるのでしょうか？

これに関する裁判があります。

〈技術翻訳事件東京地裁平成23年5月17日〉

○会社の業績が悪化したため、社員の給料を20％下げることとした
○役職者が出席する会議で制作次長は反対した
↓役職者のみが参加する会議だった
↓役職者以外の社員にも説明はされたが、異議を述べる機会は与えられなかった
○減額された給料が振り込まれたが、制作次長は抗議を行わなかった
○その後、制作次長は退職し、「減額は違法である」と裁判に訴えた
そして、裁判所の判断は以下となったのです。
○給料は労働条件の最も重要な要素であるので、合意内容を書面化することが望ましい
○就業規則に基づかない給料の減額は賃金債権の放棄と同じぐらい厳格に行うべき
○社員から合意書などの承諾がない場合、それに代わる合理的な事情がなければ認められない
○本件は合意書面がなく、また、これに代わる合理的な事情がない
以上により、会社が敗訴した

この裁判のポイントは
・合意書等の書面があれば、給料の減額を認める
・書面等がなくても合理的な理由があれば認められる

という点です。

しかし、実際に合意書がなくても認められている裁判もあります。

〈エイバック事件東京地裁平成11年1月19日〉

○会社の資金繰りがひっ迫したため、社員の給料を固定給から固定給と歩合給に変更した。

○説明会で変更の同意を求めたところ、その場で反対する社員はいなかった。

○減額された給与が振り込んだが、異議を述べる社員もいなかった。

○その後、この状況に納得できない社員が裁判を起こした。

○「黙示の合意が認められた」として、会社が勝訴した。

この2つの裁判の違いは「書面がなくても合理的な理由があるかないか」ということです。具体的には「給料が下がるという不利益について、社員に周知徹底されていたか？」「公的な説明会の場など、異議を申し立てる機会が適正に与えられていたか？」ということがポイントになります。

また、以下の要素も加味されて判断されています。

・社員が被る不利益の程度

・会社の変更の必要性、内容、程度
・変更後の就業規則、給与額の相当性
・給与を減額する代償としての措置、その他の労働条件の改善状況
↓例：労働時間の短縮
・社員等との交渉の経緯
・同業他社における状況

以上のように給料を下げることについて、必ず合意書が必要という訳ではありません。しかし、合意書がなくても給料を下げることが法的に認められるには社員の合意は必要です。また、後でトラブルを回避することを考えれば、合意書を提出してもらった方が無難です。

また、さらに注意するポイントがあります。それは就業規則や賃金規定で給料の金額等が明記されている場合（※）で、変更後にそれらの規定を従前のまま放置した場合です。

（※役職の階層ごとの賃金テーブルがある場合など）

この場合、合意書により減額された給料の額よりも、就業規則や賃金規定の給料の額が上だったら、就業規則や賃金規定の条件が優先してしまうのです。だから、給料の減額（不利益変更）と就業規則や賃金規定の改定は必ず「同時に」行なってください。そうしないと、苦労して合意書を集めても、無駄になってしまうのです。

34
Checkpoint of the work

給料は一律どのぐらいまで下げられますか？

統計数学を見ると、景気が良くなっていると言われていますが、資金繰りの厳しい会社もまだまだ多いのが現実です。

実際、以下のようなご相談をよく頂きます。

「経営状況が芳しくないので、社員の給料を削減せざるを得ないのですが、どのぐらいまで下げても大丈夫でしょうか？」

会社経営は良い時期ばかりではありませんので、社員の給料を減額せざるを得ない場合もあります。

そんなとき、「いったいどの程度ならＯＫか？」と考えるのは自然な流れです。

法律での記載はありませんが、参考となる裁判があります。

〈住友重機械工業事件東京地裁平成19年2月14日〉
○経営不振に陥った会社が賃金規定を変更し、10％の給料減額を含む経営改善策を打ち出す（給料減額は2年間のみ）。
○経営改善策について、労働組合から合意を得て、減額を実行した。
↓社員の約98％が労働組合員
○給料減額に納得のいかない社員（8名）が裁判に訴えた。
↓減額前の給料と減額後の給料の差額等を請求
↓給料を下げる合理性がないと主張
裁判所の判断は以下となった。
○賃金規定改定前は2期連続の赤字であり、経営改革は必須である。
○労働組合の合意があったことは約98％の社員（組合員）の全員から同意を取りつけたことと同じ効力がある。
○2年間の限定措置である。
○給料の減額は合理的な理由があり、会社の主張を認める。

この裁判では10％の給料減額について、会社の存続の危機の状況から減額せざるを得ないという結論になったのです。

さらに、この裁判のポイントは

・社員の大多数が加入する組合の合意が、合理性証明の後押しとなった

・給料の減額が2年間の時限的なものであった

という2点です。

なお、「10％ならOK」ということではありませんので、あくまでも個別事例とお考えください。実際、10％というのはかなり高い事例です。別の判決で給料の減額が認められたものもありますが、これは約6％の減額でした。

〈X銀行事件東京地裁平成25年2月26日〉

○銀行の経営状況が悪化し、賃金体系を成果主義へ変更した。

↓約6％の給料の減額となった

↓全員が一気に約6％の減額ではなく、段階的に減額される人もいるという緩和措置を設けた

○労働組合は制度導入に了承したが、納得しない行員が提訴した。

裁判所は以下の判断とした。

○賃金改定による不利益変更の程度は大きいが、労働組合が容認しているので妥当と考えられる。

○もともとの給料水準が他行より高いので、条件変更は許容の範囲。
↓緩和措置も導入されており、不合理とは言い難い
○会社の主張を認める。

この2つの裁判からもいえるのは「経営状態の悪化」「労働組合や大多数の社員の同意」「限定措置や緩和措置が取られているか」が必要ということです。

給料減額を検討する際は、会社の状況から総合的に判断せざるを得ないですので、その減額率が「どこまでOKか？」には基準がありません。前者の判決では10％がOKとなっていますし、後者の判決では約6％でも「不利益の程度は大きい」とされています。

結果、「一律に何％なら大丈夫」とは言えないのです。

35

Checkpoint of the work

午後出社の社員が残業した場合の残業手当

先日、ある社長から次の質問をお受けしました。

「午前休をとった社員が残業したら、残業手当は払うのですか？　たとえば、午前中は有給休暇、14時に出社、22時まで残業という場合、残業代は必要か」というご質問です。

有給休暇は１日単位ではなく、半日単位での取得もＯＫとなっています。

これは「会社が決めれば、半日単位でもＯＫ」と法律に書いてあるからです。逆に言えば、「決めなければ、半休の制度は法的には無い」となります。一般的には、就業規則等で「有給休暇は半日単位でもＯＫ」と定義します。

ここまではできているケースが多いでしょう。問題なのは、就業規則等に記載されている「勤務時間」です。

これが「勤務時間は９時から18時」となっている場合、午前休を取ったかどうかに関わらず、18時以降は残業となります。

しかし、「勤務時間が8時間を超えて働いた場合は残業」としておけば、14時に出社した社員は22時までが労働時間となるのです。つまり、残業とはならないのです。

だから、ここを明確に定義しておかないと、残業代の計算に違いが出て、トラブルの元になるのです。

それから、「午前休、午後休の定義」も決めておかなければなりません。例えば、始業9時、休憩12時から13時、終業18時の会社で考えてみましょう。

この場合、時間的な区分をすれば、

・9時から12時までが午前（3時間）
・13時から18時までが午後（5時間）

となり、午前休なら3時間、午後休なら5時間となります。

別の考え方で、勤務時間を半分に区切る考え方をすれば、

・9時から13時までが午前（4時間）
・14時から18時までが午後（4時間）

となり、午前休も午後休も4時間となります。どういう区分をするかは「会社の自由」です。まずは、この部分が就業規則等に書かれているかをチェックしましょう。

では、ご質問の件を具体的に考えてみましょう。

ちなみに、この会社の就業規則には

・8時間を超えて働いた場合は残業

・9時から13時までが午前（4時間）

・14時から18時までが午後（4時間）

と書かれていました。

そして、この社員は14時出社、22時退社でした。だから、14時から8時間を超えた時点（22時）までは残業代が発生しません。しかし、この会社の就業規則に

・勤務時間は9時～18時

・勤務時間を超えて残業した場合は残業となる

と書いてあったら、「午後出社でも」18時以降は残業となるのです。同じ14時出社、22時退社でも、就業規則の書き方によって、

・残業代が発生しない場合

・18時以降の残業代が発生する場合

という違いが出るのです。しかし、就業規則に

・勤務時間は9時～18時

・勤務時間を超えて残業した場合は残業となると書いてある会社は「多い」のです。つまり、「余分に残業代を支払う就業規則」になっているのです。

だから、このリスクを回避するためには、以下の条文とすべきです。

○時間外勤務手当は8時間を超えて労働した時間について1時間当たりの算定基礎額に1．25を乗じた額とする。

○所定労働時間を超え、8時間に達するまでの時間外勤務手当は、1時間当たりの算定基礎額に1・00を乗じた額とする。

○半日有給休暇を取得し、かつ、所定労働時間を超えて労働したときは、その日の実労働時間が8時間を超えた場合に算定基礎額に1・25を乗じた額を支払い、所定労働時間を超え8時間に達するまでの労働については算定基礎額に1・00を乗じた額とする

条文1つで残業代が大きく変わる場合もあるのです。就業規則をもう1度、見直してみてください。

36

Checkpoint of the work

就業規則の有効性

先日、次のご質問がありました。

「就業規則を労働基準監督署に届け出ていないのですが、この場合、就業規則の効力は無いのでしょうか？」

就業規則は労働基準法第89条で、労働基準監督署に届け出なければならないと定められています。また、届出をする会社は「常時10人以上の労働者を使用する使用者」となっています。そして、その事務所の所轄の労働基準監督署に提出しなければなりません。

もし、この届出を怠れば、労働基準法の罰則が適用となってしまうのです（30万円以下の罰金：労働基準法第１２０条）。

しかし、就業規則を作成して、労働基準監督署に提出をしていなくても、就業規則そのものが無効となったり、効力が及ばないということではないのです。

これに関する裁判があります。

〈コクヨ事件大阪高裁昭和41年1月20日〉
○会社は就業規則を作成したが、労働基準監督署に届け出ていなかった。
○社員が就業規則の解雇の条文に抵触したため、解雇とした。
○社員は就業規則の届出がなされていないことは効力がないとし、解雇を不服とし裁判を起こした。
裁判所は以下の判断を行った。
○就業規則は会社が労働基準監督署に届け出なければならない。
○就業規則を届け出ていなくても、効力がないということではない。
○就業規則の内容を周知している場合は、効力は有効である。
○会社側の主張が通った。

つまり、届出の無い就業規則も有効であることを裁判が認めているのです。労働基準監督署に届け出をしないことは法的には違法ですが、就業規則の効力そのものの有効性とは別に考えないといけないのです。

また、就業規則を作成したら、社員に内容を知らせないといけません。労働基準法第

106条では以下となっています。

「就業規則を常時作業場の見やすい場所へ掲示し、又は備え付けること、書面を交付することその他※厚生労働省令で定める方法によって、労働者に周知させなければならない」

※社内のイントラネット等で、就業規則を閲覧可能な状態にしておく。

では、届け出はしたが、この「周知」を欠いた就業規則という場合、これは有効なのでしょうか？　これに関する裁判があります。

〈フジ興産事件　最高裁　平成15年10月10日〉

○社員が得意先の要望に応じず、トラブルを発生させたり、上司の指示に対して反抗的態度をとり、暴言を吐くなどして職場の秩序を乱した。

○社員の行動は就業規則の規定に反すると判断し、懲戒解雇処分を実施。

○社員は懲戒解雇以前に、取締役に就業規則について質問したところ、就業規則が備え付けられていなかった。

○社員は備え付けられていない就業規則による懲戒解雇の処分に納得せず、裁判を起こした最高裁は以下の判断を下した。
○会社が社員代表の同意を得て就業規則を制定し、労働基準監督署に届け出ていた。
○就業規則の内容を社員等に周知させる手続きがとられていないまま、運用となった。
○就業規則の効力が有効となる場合は、社員にその内容を周知する必要があるので、本件懲戒解雇は無効であるとして、会社側が敗訴。

このように社員等に周知がなされていない就業規則は「無効」となる可能性が高いのです。だから、就業規則を作成したら、社員に周知することが重要なのです。

しかし、未だに就業規則を作成しても社員に公開せずに、会社の金庫にしまっている会社も時々あります。それから、場所的にいくつも拠点のある会社は、就業規則をそれぞれの拠点ごとに設置しないと「周知した」こととはならないのです。本社では説明会を行い、就業規則が閲覧できる状態になっていても、支店などに閲覧できる状態となっていない場合などは、閲覧できない支店については、その効力が及ばないということになってしまうのです。これでは、せっかく作成した就業規則でも「無効の就業規則」となり、何かあってもその効力を発揮することができないのです。このようなことにならないためにも就業規則を作成したり、変更したら社員に周知することが重要なのです。

37

Checkpoint of the work

就業規則の変更はいつから効力があるか

会社の経営状況や経済事情の変化で、労働時間や賃金体系を変更する場合があります。この場合、就業規則を変更して新たな制度を導入するのですが、ここで問題となるのが変更の内容が社員にとって不利となる場合です。いわゆる「労働条件の不利益変更」ということです。就業規則の変更は会社が実施しますが、社員に不利な条件を作成した場合、作っただけでは効力が発生しないのです。

ちなみに、労働契約法では以下となっています。

・労働者及び使用者は、その合意により、労働契約の内容である労働条件を変更することができる。

・使用者は労働者と合意することなく、就業規則を変更することにより、労働者の不利益に労働契約の内容である労働条件を変更することはできない。

だから、不利益変更の場合は社員の同意を得なければ変更後の就業規則の効力が発生しないのです。しかし、現実的に社員全員から同意書を取ることは難しいですし、同意を得なければ労働条件を変更できないとすると、会社の存続問題にかかわってきます。

そこで、一定の場合には社員の同意がなくても就業規則での労働条件の不利益変更が認められているのです。これに関する裁判があります。

〈第四銀行事件最高裁平成９年２月〉

○就業規則の変更によって、定年を５年延長することを決めた。

○延長の代わりに延長後の給与、賞与が減額された。

○一部の行員が労働条件の一方的な不利益変更として裁判所へ訴えた。

最高裁の判断は以下となった。

○定年延長による人件費抑制の措置は妥当。

○変更後の賃金水準は同業他社よりも高い。

○金額だけを見ると不利益変更だが、定年を伸ばすので実質的には不利益を緩和するものである。

○同社の労働組合との交渉、合意もある。

○この変更は合理性があり、変更に同意していない行員にも効力がある。

この裁判のポイントは「就業規則の変更に合理性があるかないか」という点です。最高裁は判決を出した際に合理性の基準として、下記の7つの要因を挙げています。

（1）就業規則の変更によって、社員が受ける不利益がどのぐらいか
（2）変更の内容、程度は妥当か
（3）変更後の就業規則の内容が時代等に合っているか
（4）代替措置などがあるか
（5）労働組合等との交渉の経緯はどうなっているか
（6）労働組合に属さない社員への対応はどうなっているか
（7）同業他社の一般的な状況はどうか

だから、就業規則を変更し、それが労働条件の不利益変更となる場合、就業規則の変更の必要性と、代償措置の設置の説明を「丁寧に」「詳細に」伝えることが重要なのです。

労働条件の不利益変更は社員の生活に大きく影響し、特に給料、退職金、賞与などは社員の生活基盤と密接に結びつく部分です。だから、変更の説明会や代償措置がとても重要になります。しかし、このことを実施しても紛争となる場合もあります。こういう最悪の場合も想定しておくべきなので、下記の手続きを実行することが大切です。

・就業規則を変更するための必要な手続きがされていること
→社員代表等の意見書を添付して労働基準監督署へ提出
・変更後の就業規則が周知されていること
→回覧や配布する、周知方法について担当者の意見書をもらう
・就業規則の変更がどのようになっているか
→変更箇所の一覧表の作成
・労働条件を下げなければならない必要性の証拠
→決算書、弁護士等の専門家の意見書
・変更後の内容が社会一般的に妥当かどうかの資料
→新賃金の水準に関する資料、比較のための業界データ
・代償措置、経過措置を講じていること
→給与を下げる代わりに、定年を延長する、労働時間を短縮するなど
・社員との交渉経緯の記録
→会議記録、他の社員の合意書など

ここまで準備を考えておけば、紛争等になってもすぐに対応が可能です。

38

Checkpoint of the work

残業命令に必要な労使協定とは？

先日、労働基準監督署に行ったら、「36協定の受付窓口」が臨時に設置されていました。新年度を向かえるに当たっての準備をしている会社が多いため、労働基準監督署に特別に窓口が設置されていたのでしょう。

36協定の更新は下記のように定められています。

・1年以内の期間に1回以上の更新が必要
・この更新は法的な義務である

時期の法的な限定は特にないのですが、最低でも1年に1回は更新しなければならないため、年度ベースで更新する会社が多いのです。

そこで、36協定について整理してみましょう。まず、36協定とは「時間外、休日労働に関する協定届」の通称で、労働基準法第36条に定められているので、こう呼ばれています。

「本来は」法律で決められた労働時間、休日は以下となっています。

・労働時間１週40時間
・労働時間１日８時間
・法定休日毎週１日

しかし、36協定を締結し、労働基準監督署に届け出ることにより、本来は「違法」である時間外労働、休日出勤命令が「適法」となるのです。

ちなみに、36協定は「社員が１人しかいない会社」でも、残業させる場合等は「法的に」必要となるのです。

もし、36協定が無い状態で残業等をさせれば、会社等に刑事罰が科せられ、「６カ月以下の懲役、30万円以下の罰金」となります。そして、残業時間の限度時間も定められており、一般的な働き方の場合は以下となっています。

・１週間……15時間
・２週間……27時間
・４週間……43時間
・１ヶ月……45時間
・２ヶ月……81時

・３ヶ月……１２０時間
・１年間……３６０時間
また、臨時的に限度時間を超えて残業等を行わなければならない特別な状況が予想される場合は、特別条項を結べば、限度時間を超える時間を延長することができます（詳細は省略）。労働時間に季節変動性があるにも関わらず、この「特別条項」が入っていないケースは多々あります。

36協定は、会社と従業員代表等が締結しますが、この従業員代表等の選出は労働基準監督署の調査等で厳しくチェックされることもあります。選出にあたっては、投票、挙手等の手段で民主的に選出されなければ、36協定そのものが無効となってしまう場合もあるのです。

これに関する裁判があります。


〈トーコロ事件最高裁平成13年6月22日〉
○社員は上司からの残業命令に従わなかった。
↓納期が迫っており、残業の必要性が高い
↓納期がせまった1～2ヶ月前にでも定時に帰宅

↓反抗的な態度を改めなかった
○会社は残業命令違反で解雇した。
そして、裁判は最高裁まで行き、以下の判断となったのです。
○争点は「残業命令が有効か？」ということ。
○残業命令が有効となるためには、36協定の締結に不備が無いことが条件である。
○会社の36協定の従業員代表は親睦団体である「友の会」の代表であって、従業員の過半数を代表とする者ではない。
○36協定は無効であり、36協定に基づく「残業命令」も無効のため、残業拒否を理由とする解雇も無効である。

以上により、会社が負けたのです。残業命令について、その有効性を証明するためには、36協定に不備がないことが前提なので、形式的な不備が発生する「だけ」で、残業命令そのものが「無効」となってしまうのです。

この裁判で、裁判所の判断は「解雇は経営判断として十分に支持できる」とのコメントがあったにも関わらず、形式の不備で裁判の判断が覆ったのです。

実際の現場では､従業員代表につき､ずさんな選出がされていることもよくあります。例えば「総務担当者が印鑑を押した」「管理部のマネージャーが勝手に代表となっていた」「36協定の選出方法記載欄に「選挙」となっていたが、選挙の事実が無い」などの場合、「36協定そのものが無効」となる可能性が高いのです。「36協定が無効」ということは「1日8時間、1週間40時間」を超える労働は全て「違法」状態ということです。

第5章

こんな安全・健康管理ではいけない

〈議題〉

こんな安全・健康管理ではいけない

社長：今の時代は残業すらさせてはいけないという風潮ですよね。これって正しいのですかね……？　確か20年以上前は「24時間戦えますか」というキャッチフレーズの清涼飲料水のＣＭがあったと思いますが、あのころは朝早くから夜遅くまで、新人からベテランまでみんなが頑張って働いていた時代だったと思いますが、今となっては「悪」なのでしょうか？

先生：確かに20年前以上はそんな時代でしたよね。私もこの仕事に、新人として企業へ就職したばかりだったので、よく覚えています。そして、朝早くに出社して、夜遅くまで残業をしていたと記憶していますね。しかし、時代は変わって、今は少しでも法律を犯すとすぐに叩かれる時代となってしまいました。

社長：最近の新聞をみると、過重労働の記事がまだまだ目立ちます。特に、過労死の問題で裁判になっているケースが多く見られます。昔はこんな問題はなかった気がしますが……。

先生：確かに過労死の問題は多く報道されていますし、この問題は最近の日本固有の問題とも言えます

社長：日本固有の問題？　海外には過労死はないのですが？

先生：その通りです。海外に過労死に当たる言葉はありませんし、過労死そのものもありません。だから過労死の英訳は「ＫＡＲＯＵＳＨＩ」となっているのです。

社長：残念なことですね……。でも、法律で規制はされていないのですか？

先生：もちろんあります。労働基準法、労働安全衛生法、行政指導通達など「労働時間の適正な把握のために使用者が講ずべき措置に関するガイドライン」策定など、いろいろな対策を国は講じています。しかし、なくならないのも事実です。多くの会社では、この部分はあいまいな運用がなされているのです……。

39

Checkpoint of the work

過重労働と会社の損害賠償責任について

報道等でブラック企業という表現が飛び交っていますが、「実際はどのような会社なのか」とみてみると、以下に集約できます。

・過重な労働を強いている
・残業代等を支払っていない
・社員を使い捨てる

等のことが行われている会社となっています。

この内容は全てが問題ですが、過重労働の防止について、最近は特に強く取り締まられています。なぜなら、この前厚生労働省が定めた「過重労働解消キャンペーン」が実施されたからです。このキャンペーンの主な内容は下記のようになっています。

○過重な労働による過労死等に係る労災請求が行われた事業場等に対し、重点監督を実施。
○時間外・休日労働が36協定の範囲内であるかについて確認。
↓違法なら是正指導を実施
○賃金不払残業がないかについて確認。
↓違法なら是正指導を実施
○不適切な労働時間管理の場合、労働時間を適正に把握するよう指導。
○重大、悪質な違反が確認された場合は送検し、公表する。

確かに、「過重労働、長時間労働は社員の健康に良くない……」と多くの社長は理解していますが、労災事故などが起こったら、会社の存続を揺るがすような損害賠償額が要求されることもあるのです。

これに関する裁判があります。

〈電通事件最高裁平成12年３月24日〉
○社員は新卒で入社し、ラジオ推進部に配属となった。
○入社した年の７月から慢性的な長時間労働となった。

↓本人が申告した残業は月60～85時間（入社半年後から約1年間）
↓深夜労働時間は月5～20時間（入社半年後から約1年間）
↓徹夜は月1～12回（入社半年後から約1年間）
○帰宅しない日があるようになり、入社1年経過後には元気がなく、顔色も悪い状態となった。
○「自信がない、眠れない」と上司に訴えるようになった他、異常行動も見られるようになった。
○入社1年5ヶ月後に自殺してしまった。
○遺族である両親が会社に対して損害賠償を請求した。

主な争点は次の3つとなった。
○業務と自殺との間に因果関係が認められるか？
○会社に義務（注意義務ないし安全配慮義務）違反があったか？
○本人の性格等を損害賠償額算定の際に減額事由として考慮すべきか？

裁判は最終的に最高裁に行き、以下の判断が下された。
○業務と自殺との因果関係については、長時間の過重労働や過酷な労働環境により精神障害を発症し、自殺に至った。
○会社は社員の業務を定めて、これを管理する場合、兼務の遂行に伴う疲労や心理的負荷等が過度に蓄積して、社員の心身の健康が損なわれないように注意しなければならないが、その措置を取らなかった。
○社員の性格が個性として通常想定される範囲内ならば、その性格を損害賠償額の算定に考慮すべきではない。

結論として、差し戻し審となり、その後の高裁で、最終的に会社が約１億６８００万円を支払うとの内容で和解が成立したのです。

会社が負けた大きな原因の１つとして、長時間労働を認識していたにも関わらず勤務時間を短縮させる措置等を講じないで放置したこと、上司が健康状態の悪化を知りながら適切な対応を取らなかったことの２点を掲げています。

この２ついては、事前に対処する方法はいくらでもあったのではないでしょうか。

この電通事件は、過労自殺に対する会社の使用者責任に基づく損害賠償を認めた最初の最高裁判決となり、その後の労働行政に大きな影響を与えています。

この判決により、過重労働、未払い残業に対する労働基準監督署の調査が厳しくなり、現在に至っています。そして、この判決はその後の裁判での指標となっているのも事実なのです。

40

Checkpoint of the work

残業の内容もチェックされます

未払い残業代の請求は今年になっても多くのご相談を頂いております。「数百万円の請求を受けた」「2年分の残業代の請求を受けた」など、会社側の理解が不足している部分が多く、請求されたら、回避できる見込みが少ないのも事実です。

そして、未払い残業代のご相談がある場合、社長は決まって「社員が勝手に残っている」「仕事をだらだらとやっていて、効率的ではない」とお話しされます。

このお話を踏まえ、「では、勝手に残っていること、だらだら業務をこなしていることを立証できますか？」と尋ねると、明確な回答がないことが大半です。

また、未払い残業代の問題だけであれば、経済的な負担も予測できますが、「残業が原因でうつ病となった」など、精神疾患に関わる問題が発生したら損害賠償の額も数千万円となる場合も少なくありません。

こういうことにならないように、残業の実態を会社が把握しておく必要があるのですが、これに関する裁判があります。

〈日本政策金融公庫事件大阪高裁平成26年7月17日〉
○職員が月約１００時間の残業をして、自殺した。
○自殺後、労働基準監督署は労災認定を行った。
↓うつ病を発症した疑い
↓生前、通院歴なし
○その後、遺族は損害賠償を求め、大阪地裁に提訴した。
○大阪地裁（平成25年3月6日）の結果は、損害賠償９０００万円の支払い命令。
○その後、控訴となった。
第二審（大阪高裁）の判断は以下となった。
○業務が原因でうつ病を発症したと判断できない。
↓業務が原因ではなく、別の要因が考えられる
○自殺前の働き方をみると、残業として早出出勤をしているが、職場で食事をとったり、新聞を読んだりしているので、業務ではない。

↓業務が過重のため、早出出勤をしたとは認められない
↓早出出勤を差し引いたら、過重とは言えない（月70時間程度の残業）
○第一審の結論を覆し、会社側が勝訴した。

この裁判を詳しくみてみると、自殺した職員は「長時間労働が当たり前だったA支店から残業を規制しているB支店へ」異動しました。異動後、職員の業務内容も大きく変わった上に、残業ができないために仕事が遅れがちで、それが原因で上司にも注意や叱責を受けるようになり、次第に精神を病むようになって、自殺に至ったのです。

この時の注意や叱責はパワハラではなく、通常の指導の範囲とされており、精神を病むようになったのは「本人の資質」という判断だったのです。さらに、実際の残業時間と業務の内容をチェックしています。

第一審では、残業時間にスポットが当てられ、残業時間「のみ」を考慮し、過重労働と判断したのです。しかし、第二審では記録された労働時間より労働の「質」の変化を重視した判決となったのです。

具体的には、早出出勤の「内容」を検証して、「業務ではない」と判断しています。今までは残業時間が多い場合、イコール過重労働と判断されがちでしたが、今回の判断は残業

時間（早出出勤）の「内容」そのものを取り上げて、判断しているところが、従前の裁判の判断と異なるところです。

なお、残業問題で裁判等になった時に、「仕事をしていない」「食事をしていた」「インターネットサーフィンをしていた」などのことが証明できれば、「この時間は残業ではありません」と主張できるのです。

例えば、会社によっては、社員のパソコンの「全て」の閲覧履歴をサーバーに保存していますが、こういう場合には立証しやすいでしょう。

しかし、多くの会社ではこういう立証ができる環境でもなく、また、残業時間の「内容の精査」をせず、時間ばかりが１人歩きしています。

冒頭のご相談にも通じますが、「社員が勝手に残っている」「だらだらと仕事をしている」と感じた場合、「なぜそのように感じているのか」をはっきりさせることが最初の一歩です。原因がすぐにわかれば、原因を取り除き、残業時間の削減に取り組むことが大切です。勝手に残っているのであれば、「どんな理由で勝手に残っているのか」をヒアリングし、解決策を共に考えましょう。また、効率が悪かったら、「何が原因で効率が悪いのか」を社員と一緒に考えて結論を導きましょう。

41
Checkpoint of the work

社員の体調を知るのは、会社の義務か？

社員の体調不良に関するご相談は毎週と言っていいほど途切れることはありません。そして、「社員の精神状態が不安定になっているようだが、どのように対応したらいいか分からない」というご相談が多いです。

この場合は社員が「本当に精神疾患なのか？　そうでないのか？」を医師の診断書で確認することが重要です。なぜなら、「社員にやる気がない」というレベルではなく、精神疾患ならば、業務に支障が出るからです。周りへの影響も考えないといけません。

当然、精神的なものなので、目に見えないとは言え、会社に体調不良を訴えてきた社員を放置することは許されません。なぜならば、業務が原因で体調不良となった場合は労災の対象となる可能性があるので、早急な対応が求められるからです。

もちろん、持病などが原因で体調不良となり、社員の様子がいつもと違う可能性もありますが、原因が持病なのか業務なのかは明確ではありません。そのため、医師の診断を受けさせるなどして、指導することが会社の義務なのです。

これに関する裁判があります。

〈ティー・エム・イーほか事件東京高裁平成27年2月26日〉

○社員は派遣会社に雇われていて、派遣先で空調設備の管理業務を行っていた。

○この業務をはじめた3年後、社員は自宅で自殺した。

○社員の遺族は派遣元会社と派遣先会社を「うつ病を認識できたのに、安全配慮義務を怠った」として裁判に訴えた。

○第1審では、会社はうつ病を認識できなかったとして、遺族の訴えを退けた（遺族は控訴）。高裁の判断は以下となった。

○社員の自殺について業務が原因とは考えられない。

○しかし、社員は派遣先の所長に「頭が痛く、よく眠れない」などの話をしていて、社員の体調不良は認識できた。

↓派遣先の所長は社員にメールで体調を問い合わせている。

○派遣元会社、派遣先会社ともに、社員に対して「抽象的に」体調を聞いており、もっと「具体的な」対応を取るべきであった。
↓通院先の聞き取りや診断された病名などを把握していなかった。
↓産業医などの診察を受けさせるなどの指導を行うべきであった。
○以上により、安全配慮義務を怠っていた。
○会社敗訴の判決となり、派遣元会社及び派遣先会社は連帯して「１５０万円＋遅延損害金」を支払うこととなった。

過重労働、うつ病、自殺の因果関係が問題となった裁判は沢山あります。しかし、この裁判は「うつ病となって自殺したこと」と「業務」の因果関係は問われていません。しかし、「社員の体調等の不調を察したら、必要に応じて医師等の指導や診察を受けさせるべき」と判断したのです。そして、この事件はその義務を怠ったとして、慰謝料の支払いを命じたのです。

当然ですが、相当額の弁護士費用もかかっているものと推察されます。「安全配慮義務」という言葉は知っていても、その具体的な内容まで理解している人は多くはありません。どこまでやれば「安全配慮義務を尽くしたと言えるのか？」がポイントですが、これはとても難しい問題です。

具体的には、会社は体調不良の原因を把握するように努め、医師の診断を受けさせるなどしなければ、安全配慮義務を果たしたことにはならないのです。

今後、会社の安全管配慮義務に対するハードルが「医師の診断を受けさせるまでもが必要になる」と考えられます。会社は社員の健康や体調などにつき、アンテナを張り、「具体的に」気にしないといけなくなったのです。

42
Checkpoint of the work

社員の持病も会社のリスクとなります

会社が社員に「安全な環境で働いてもらう」義務があるのは、ご存知かと思いますが、法的には「安全配慮義務」といいます。そして、「安全配慮義務」は裁判等で、よく登場してくる言葉となっています。

社員に安全な環境で働いてもらうのは、当然のことですが、報道では「過重労働」とリンクして、残業時間が多いことが問題とされています。なぜなら、残業時間が多い社員が倒れた場合、労災に該当する可能性が高くなるからです。

例えば、脳や心臓疾患は発症前2ヶ月から6ヶ月の間にわたって、1ヶ月あたり概ね80時間を超える残業が認められれば、業務が原因で発症したとされるのです。もし、社員が「持病」を持っていて、残業時間が多かった場合、倒れた等の状況が発生したら、その責任の所在は本人でしょうか？　会社でしょうか？

これに関する裁判があります。

〈竹屋事件津地裁平成29年1月30日〉
○会社は飲食店を複数経営する会社で、店長だった元従業員が致死性不整脈により死亡した。
○元従業員は心筋梗塞、糖尿病等の持病があり、喫煙等も医者に止められていたが、実際は自分の身体を気遣う様子もなく、喫煙もしていた。
○元従業員は死亡前2ヶ月間から6ヶ月間以上にわたって、毎月120時間を超える残業を行い、恒常的な長時間労働であった。
↓2店舗で店長を務め、他の9店舗でも店長代理業務を兼務
○元従業員の遺族は会社と代表取締役に損害賠償を求めて、裁判を起こした。
裁判所は以下の判断をした。
○会社と社長らに約4600万円の損害賠償の支払いを命じた。
○会社側が敗訴となった。

この裁判を詳しくみてみましょう。
元従業員の長時間労働について、上司はこれを把握していましたが、何の対策も取らず

に放置していました。さらに、長時間労働になった分析も実施してはいなかったのです。これにより、安全配慮義務違反があると判断されています。

そして、代表取締役についても「重大な過失により、長時間労働を放置した任務懈怠《けたい》があった」とされ、その結果、元従業員が死亡という結果を招いたとして、責任を負うとされたのです。

損害額ですが、遺族は会社と代表取締役らに約9500万円の損害賠償を求めた訴訟の判決で約4600万円の支払いを命じました。

これは約3割の過失相殺が行われました。なぜなら、元従業員が持病により

・喫煙を禁止されていたにも関わらず、喫煙したこと
・肥満解消に運動をすすめられていたが、運動していなかった
・食事制限が必須であったが、脂っこいものを食べていた

などの要因で3割を過失相殺としたのです。

この裁判から考えなければならないことは、まずは「過重労働」の問題です。なぜならば、労災に該当するか否かの残業時間は大きな問題で、会社の責任が大きいからです。

残業時間について「月100時間」、もしくは「2ヶ月間～6ヶ月間で80時間」を超えてしまい、社員が倒れたら、即労災の可能性が高いです。

さらに考えなければならない重要なポイントとは、「会社が社員の健康状況を把握していたか」についてです。事例の裁判では、「筋梗塞、糖尿病等の持病」があって、さらに長時間残業ということでした。会社は元社員の健康状況を把握しながらも、長時間労働に対する対策をしなかったことが大きな過失となったのです。その結果、過失相殺があったものの、長時間労働で発生した事故で大きな責任が問われたのです。よって、会社は社員の健康状況を把握して、対策をたてないと「安全配慮義務違反」になるリスクがかなり高いということです。

長時間労働の解消については、会社がすぐに取り組まなければなりません。それと同時に、社員の健康状態を心身ともに把握する必要があるのです。

43

Checkpoint of the work

健康診断を拒否する社員がいる場合は？

これは先日、ご相談があった事例ですが、似たようなご相談が多くあるので、ここでご紹介します。

「最近、ある社員の様子がおかしく、うつ病かもしれません。そこで、専門医に診断してもらう必要があると考えていますが、精神科や心療内科を受診することに抵抗がある場合も想定されます。もし、本人が受診を拒否した場合、どうなるのでしょうか？」

心の病の問題は、大企業、中小企業を問わず、どんな会社でもいつ起こるかわからないものです。もし、社員が仕事中に異常な言動、行動をとるならば、何らかの心の病が疑われますので、早期に医師の診断を受けてもらい、しかるべき措置が必要です。

しかし、心の病については、ストレートに「精神科で診てもらいなさい」と言いにくいのも事実です。

まず前提として、労働安全衛生法では「会社は社員に健康診断を受けさせる義務がある」「社員は健康診断を受ける義務がある」と決まっているのです。

具体的には、一般の業務なら1年に1回の定期健康診断を、深夜労働や水銀、ヒ素などの有害物質を取り扱う業務等であれば半年に1回の定期健康診断を実施しないといけないのです。

もし、これを実施しない場合は（結果として、社員が受診しない場合でも）違法状態となります。そして、これを放置しておくと「最高50万円の罰金が科せられる」となってしまいます。

これを防止するには健康診断を受診しない社員に対し、業務命令として、受診命令を出すべきです。会社側が積極的に「受診命令」を出し、命令に従わない場合は「懲戒処分を科す」とするのです。

もちろん、就業規則の懲戒処分の条文で業務命令違反に対する処分が具体的に記載されていることが前提となります。

以下が参考条文となるので、参考にしてください。

従業員が次の各号のいずれかに該当する場合、会社は従業員に対し、会社の指定する医師の健康診断を受けさせることがある。

なお、これは業務上の必要性に基づくものであるため、従業員は正当な理由なく、これを拒むことはできない。
（1）傷病による欠勤が連続7日間を超える場合
（2）長期の傷病欠勤後出勤を開始しようとする場合
（3）傷病を理由にたびたび欠勤する場合
（4）傷病を理由に就業時間短縮又は休暇、職種若しくは職場の変更を希望する場合
（5）業務の能率、勤務態度等により、身体又は精神上の疾患に罹患していることが疑われる場合
（6）海外への勤務に従事する者で、健診の必要のある場合
（7）その他、会社が必要と認める場合

今回は特に（5）が重要なポイントとなってきます。ここまで記載してあるにも関わらず受診しないと、業務命令違反となるのです。

それでも受診しない社員がいる場合はどのように対応すればいいのでしょうか？

これに関する裁判があります。

〈電電公社帯広局事件最高裁昭和61年3月13日〉
○従業員が会社の健康管理規程で定められた一番病状の重い療養にあたる「頸肩腕症候群」という病気だと診断された。
○会社は従前と違った業務に異動させた。
○会社は、頸肩腕症候群の精密検査を会社指定の医師にて受診するよう2度も業務命令を発したが、従業員はこれを拒否。
○会社は、受診拒否は就業規則の懲戒事由（上長の命令に従わないとき）に該当するとして懲戒処分（減給昇給）を行った。
○これを不服として、従業員は裁判所に訴えた。
最高裁は以下の判断をした。
○精密検査の受診が社員の病気治療であれば、社員は受診を拒否できない。
○会社指定の医師（病院）という事由がついても、これも拒否できず代替の医師の受診も不可。
○会社が行った懲戒処分（減額昇給）は合理的であり、違法ではないとして会社が勝訴した。

この裁判は心の病とは異なる病気ですが、最高裁の判決ですので、心の病であったとしても、対応は同じと考えられます。心の病と疑われる社員が受診命令を拒否した場合も以下のように対応する必要があります。
・単なる業務命令違反者として取り扱う
・業務命令違反者に対する懲戒処分等を実施する
そして、健診を受診させ、そういう結果が出たならば、精神疾患者として取り扱うべきなのです。

ただし、一番やってはいけないのは、精神疾患の疑いがある段階で休職命令を発することです。もし、休職命令を発令した後に「精神疾患ではなかった」と分かったら、不当に社員を休職させたことになってしまうからです。

さらに、就業規則が無い小規模会社や、就業規則に上記のような記載が無い会社はどのような対応をすればよいかというご質問もあります。

この場合も会社指定の医師等への受診を命じることができます。それは、京セラ事件(東京高裁昭和61年11月13日)で以下の記載がありました。

「就業規則に定めがなくても、労使間における信義則ないし、公平の観念に照らし、合理的、相当な理由があれば受診を命じることができる」として、就業規則に記載のない受診命令を有効としました。

この裁判では、就業規則に記載がなくても受診命令は可能となりましたが、特に心の病の問題は社員のプライバシーに関することなので、受診命令の根拠を就業規則に明確化しておくことが大切です。

労働基準監督署の調査では、健康診断に関する是正勧告を受けるケースが非常に多くありますが、これは単に「健康診断の実施義務を果たしているか？」というだけではないのです。会社が社員の健康を「どれだけ真剣に考えているか？」を問われており、社員が健康に働いてくれていることが会社の財産だということです。会社としては、未払い残業代の問題等に目が行きがちですが、この健康診断の問題も「実は」奥が深いのです。

44
Checkpoint of the work

社員が自殺してしまったら……

これまで、社員の精神疾患などの「心の問題」についての対策をご紹介してきました。

他にも、社員の心の問題に関するご質問をいただいた場合、
・該当する社員の既往症はどうなっているのか?
↓例：入社前、現在の部署の異動前にうつ病を発症したことがないか?
・残業時間がどのぐらいなのか?
・開発業務などの精神的に負荷のかかる業務内容か?
などをチェックし、残業削減、配置換え、休職などをお奨めしています。

しかし、全く対応ができないことがあります。それは「社員が自殺してしまうこと」なのです。

これに関する裁判があります。

〈萬屋建設事件前橋地裁平成24年9月7日〉
○社員は土木工事現場の工事施工責任者であった。
○現場の測量と図面のズレが判明し、工期が大幅に遅れ、この影響で予算超過となり、社員の心理負担は過重となった。
○残業時間は100時間を超える月がほとんどであったが、会社は月24時間を超える残業を認めなかった。
↓残業の時間管理は自己申告制、自殺した社員の死亡前5ヶ月の平均残業時間は月100時間超
○会社はアルバイト等の人員補充など対応したが、社員は自殺した。
○遺族は「会社が過重労働をさせ、うつ病を発症し自殺した」として、損害賠償を請求した。
裁判所は以下の判断とした。
○社員は過重労働で心身共に疲労困憊《こんぱい》し、うつ病を発症したと推認できる。
○会社は社員の労働時間を把握して、長時間労働や過重労働にならないように配慮して、健康に注意する義務がある。
○労働時間は自己申告制でも会社は労働時間を把握する義務があり、健康を悪化させないようにする義務もある。

○会社は残業時間を月24時間しか認めておらず、社員の働き方、残業の状況の把握を怠った。
↓もし、会社が社員の労働時間を把握していれば、自殺は予見でき、回避できたと考えられる
○安全配慮義務違反として会社は敗訴し、損害賠償を支払うこととなった。

この事件で自殺した社員は精神疾患の既往症はなかったのですが、過重労働のためにうつ病を発症したと認められました。

そして、業務とうつ病の因果関係を調べるにあたって、社員が使用していたパソコンのログ記録が採用されています。残業時間の把握は会社の安全配慮義務と直結する問題なので、裁判で争われたら、パソコンのログ等のデータは客観的に判断可能な証拠となり、結果は一目瞭然となってしまいます。

なお、裁判では業務内容にもメスを入れており、工事の工期厳守について不安を感じられた点も掲げています。

また、社員はうつ病などの精神疾患の既往症がなかったために、会社もこのようなことになると予見できていませんでしたが、裁判では「残業時間、業務内容からして自殺は予見できた」と判断されているのです。つまり、「自殺が予見できる状況だったか」という点がポイントなのです。

このように、社員が自殺をした場合、既往症はなくても、「結果として」多くののケースの原因がうつ病と考えられます。

そして、その際にポイントとなるのが「残業時間」「業務内容（通常の業務以上にストレスのかかる業務）」の2点です。まずは、この2点の把握することが重要です。そして、膨大な残業や過重な業務の集中等を把握したら、すぐに対応するのです。具体的には、

①人員の補充
②納期の延長
③業務の分散
④残業の抑制
⑤責任の分散

などです。

何かが起こったからでは遅すぎるのです。

うつ病などの精神疾患、また、これによる自殺などがあった場合、多くの会社では「なぜ……」「あの人が……」と考えています。しかし、シグナルは出ているのです。

45

Checkpoint of the work

基準を満たしてさえいれば労災認定は避けられるのか？

仕事中に社員が倒れ、その原因が業務にある場合は労災の適用となります。しかし、突然倒れる等の状況では、業務が原因なのか？　持病なのか？　を判断することはとても難しく、トラブルになることも多いのです。

だから、厚生労働省は平成13年12月12日に判断が難しいとされていた脳、心疾患の認定基準を作成し、現在もこのガイドラインが運用されています。この認定基準は、

・極度の緊張を伴う業務

→自分や他人の生命等の危険性を有する業務、危険な物質を取り扱う業務、過大なノルマがある業務、決められた納期等があり、それまでに遂行しなければならない業務等

・過重労働
→残業時間が多い、不規則な勤務、出張の多い業務、交代制勤務、深夜勤務等を基にした総合判断となっています。

前者の「極度の緊張を伴う業務」は業種が限られてきますが、当然、「過重労働」については、どんな業務や業態も可能性があるのです。そこで、過重労働でも一番該当する可能性の高い残業時間の基準をみてみましょう。

・発症前１ヶ月間の残業時間が１００時間を超えている
・発症前２ヶ月〜６ヶ月間の残業時間の１ヶ月あたりの平均時間が80時間を超えている

いずれかの条件に該当すれば、過重労働と判断され、労災の適用になる可能性が高くなるのです。労働基準監督署は、この基準を基に労災の認定を行っています。

では、この基準を下回る場合は、どのような判断となるのでしょうか？

これに関する裁判があります。

〈池袋労基署長（光通信グループ）事件大阪地裁平成27年2月4日〉
○社員はＯＡ機器リースの責任者となり、退社は午後10時を過ぎることが多かった。
○責任者となり1年を経過したが、交際相手に「疲れた」と話していた。

○その後、「胸が苦しい」「右手がしびれる」「疲れた」と言って、出勤すると椅子にもたれかかっていた。
○業務にクレーム処理も加わり、顧客より暴言を吐かれることもあり、上司に異動を希望したが、認められなかった。
○社員は自宅で頭痛を訴え、病院に搬送されたが、心不全により死亡した。
○死亡した社員の両親が労働基準監督署に労災申請をしたところ、支給しない旨の連絡があった
○両親は処分を不服として、裁判所に訴えた。
そして、裁判所は以下の判断を下した。
○社員の発症前6ヶ月間の残業の平均は62時間49分であり、発症前2～6ヶ月間の残業時間の1ヶ月あたりの平均時間が80時間を超えていない。
○業務の半分を占めたクレーム対応業務は、精神的負担がかなり大きいが、もう半分の顧客データ管理の精神的負担はそれほどでない。
○社員の健康状態において、喫煙と軽度の脂質異常は血管病等への影響はほとんどない。
○発症前36ヶ月間の中で1ヶ月あたり100時間を超える残業が15ヶ月、80時間を超える残業が6ヶ月あり、恒常的に長時間の残業が発生していた（6ヶ月間の残業では判断が厳しかったが、36ヶ月間の恒常的な長時間残業が病気の引き金となった）。

○社員の死亡の原因は業務にあると判断された。

この裁判で注目する点は、厚生労働省が定めた過労死認定基準を下回っているにも関わらず、裁判所が過去に遡って3年間の状況から業務との関係を認めたという点です。だから、過重労働の判断基準となる「発症前1ヶ月間の残業時間が100時間を超えている」「発症前2~6ヶ月間の残業時間の1ヶ月あたりの平均時間が80時間を超えている」が全てではないのです。

上記の裁判例の判断から労災認定の基準は「総合的に判断する」ということがよくわかります。つまり厚生労働省等のリーフレットに記載されている基準が全てではないのです。

会社としては、6ヶ月間だけで過重労働が判断されるということではなく、常に残業が発生しているという状況を考慮しなければならないのです。この点を注意して残業削減に努めるべきでしょう。

46
Checkpoint of the work

通勤災害になる場合、ならない場合

先日、通勤災害についてこのようなご質問がありました。

「雪の日に自宅マンション5階の部屋を出たところ、足を滑らせて転倒、負傷してしまいました。この場合は通勤災害として労災保険がおりますか？」

この場合は通勤災害として、労災保険の対象となるので、自己負担なく、治療することができます。

しかし、この方の自宅が一戸建で、玄関を出たエントランスで滑って転んだとしても、敷地内の場合は労災保険の対象にはなりません。だから、この場合は健康保険で治療することになります。

では、この違いはいったいどこにあるのかというと、「人の通行が自由に認められている場所か否か」ということです。

これは、マンション等の集合住宅は自宅のドアを出たところから、一戸建てでは敷地を出たところから、法的な「通勤」という概念が始まるという理由からです。

労災保険は仕事中のケガなどだけでなく、通勤途中のケガなどの治療費をカバーする制度です。だから、通勤については法的な定義が定められており、「住居から就業場所への移動」「合理的な経路及び方法により行う」となっています。

だから、まっすぐ家に帰る途中に事故にあったら、通勤災害として労災保険の適用となります。しかし、帰りに食事（業務外）に行き、その帰り道での事故は労災の対象とはならないのです。

なぜなら、通勤災害の対象とならない行為も法的に決まっているからです。

通勤ルートを外れた場合の行動は、以下のように定義されています。

・逸脱…通勤経路から外れること

　→例：アフター５に友人と通勤では通らない場所で食事の約束をし、通勤経路を外れる

・中断…通勤経路の途中でストップすること

　→例：通勤経路で途中下車し、居酒屋で一杯飲んでいる

結果として、通勤を逸脱したり、中断したら、通常の経路に戻ってもその後の事故等に

労災の適用はありません。

ただし、逸脱や中断が日常品購入、病院への通院、家族の介護のため等であれば、通勤に該当し、起こった事故等には労災が適用されます。ただし、その通院「中」など、逸脱や中断をしている最中での事故には適用されません。

また、よくご質問があるのは、「社外活動などが通勤に該当するのか？しないのか？」ということです。例えば、「終業後の社内サークル活動後、帰宅途中のケガ、会社行事の飲み会の後、帰宅途中のケガなどです。

この場合、終業後すぐに帰宅していない状況ですが、会社関係の行事なので通勤として認められそうな気がしますが、どうなのでしょうか。

これに関連する裁判があります。


〈米沢労基署長（通勤災害）事件東京地裁平成22年10月〉
○新入社員が会社の従業員会主催のバドミントン大会に参加。
○終了後、同僚の運転する自動車に同乗して帰宅。
○途中、交通事故に遭いケガをした。
○このケガにつき、新入社員が通勤災害として労基署に療養給付の請求。

○労基署は支給しないことを決定。
○この処分の取消を求めて裁判所に訴えた。
争点は「バトミントン大会が業務か否か」という点で、裁判所の判断は以下となった。
○バトミントン大会は各部署対抗だが、会社は運営にかかわっていない。
○参加については任意であり、全社員の2割程度しか参加していない。
○就業時間外に開催され、時間外手当等の対象となっていない。
○参加者の管理等がなされていない。
○参加を上司等から命じられていない。
○以上の事実から、大会は業務外であり、その後の移動は通勤災害ではないと判断された。

さらに、業務か否かの判断に関して、会社行事の競技会等に関する通達があります。
・社員全員の参加を意図としている
・当日は勤務日としている
・不参加の場合は欠勤等の取り扱い
であれば、業務とみなすのです。
そして、この定義は忘年会等の会社のパブリックな飲み会等にも応用されます。

47

Checkpoint of the work

安全教育が大事ということがよくわかります

工場などで安全教育の重要性が語られるのは、当たり前と言えば当たり前ですが、実際は形骸化している場合も多くあります。

もし、事故などが発生した場合、会社が安全教育をきちんと実施したのか、そうでないのかで、責任が大きく変わることがあるのです。

仮に事故が発生した場合は、会社が責任を負うこととなります。その際に問題となるのが、会社はどのぐらい「安全教育を徹底していたか」ということです。

安全教育が形骸化していれば、会社の責任が大きく問われ、安全教育が徹底されていれば会社の責任が問われない場合もあるのです。これに関する裁判があります。

〈アイシン機工事件名古屋高裁平成27年11月日〉

○派遣作業員（男性ブラジル人）が旋盤の仕事でアイシン機工に派遣された。
○旋盤のトラブルが発生し、派遣作業員は粗形材（加工途中の製品）を取り除く作業が必要となったため、監督者（上司）を呼ぶことなく自ら処理しようとし、誤ったボタン操作を行い、右手くすり指を切断した。
○本件事故は安全配慮義務違反に基づく不法行為として、約８８０万円の損害賠償を請求した。
○名古屋地裁岡崎支部の第１審ではアイシン機工の安全配慮義務違反を認め、派遣作業員の請求を一部認めた。
派遣社員側、会社の両者は控訴し、名古屋高裁は以下の判断をした。
○派遣社員側の請求を棄却した。
○会社の安全配慮義務違反があるとは認められないとし、会社側の主張が通った。

この裁判を詳しくみていきましょう。

まず、この派遣社員（男性ブラジル人）を受け入れるに当たり、会社は「新人受け入れ教育テキスト」を使用して安全管理、品質管理、マナー等に関する教育を実施していました。このテキストは「監督者、会社での禁止事項と懲罰、職場での安全作業、保護具、安全装備の確認、異常措置、危険箇所表示、有機溶剤、安全三訓、品質等」の項目に全文ポルトガル語の訳文が併記されていました。

さらに、テキストの理解力を高めるために異常処置や安全三訓に関するテストを実施し、全問正解した場合に合格とし、2回不合格の者については受け入れを拒絶していたのです。この派遣社員が業務につく際に日系ブラジル人の従業員が通訳として同伴していろいろなケアを行ったのです。そして安全に関するテストでは2回目のテストで合格したのです。しかし、今回の事件では、派遣社員が旋盤機械の中に手を差し入れて事故が発生したのです。もちろん、自ら手を差し伸べて処理をすることは予定されていませんし、監督者等がくるまで、待っていなければいけなかったのです。

第2審では受け入れ時の安全教育の内容がポルトガル語で周知されており、また、内容そのものも平易で理解できるものであったと判断されたのです。

実際に、派遣社員はテストに合格して、理解はしていると認められました。さらに、ポルトガル語が話せる監督者がいなくても、上記の経緯から安全教育について「充分に意志疎通」が可能と判断したのです。

以上から第2審については会社側の主張が認められ、会社の安全配慮義務違反はなかったと結論づけられたのです。

工場等では機械そのものの安全性や事故防止の策、安全装置等の設置を実施しないといけませんし、機械を使用する社員等のために「安全教育」の実施を行わなければならないのです。事例の高裁判決は「安全教育を徹底」していたので、会社に安全配慮義務違反が認められなかったのです。

もし、安全教育をおろそかにして、裁判等で「安全配慮義務違反」が認められたら、大変なことになります。

具体的には、

・巨額の損害賠償請求をされることが想定される
・会社だけでなく役員個人も訴えられることも想定される
・長期にわたる裁判費用
・風評被害などによる売上減や士気低下

ですので、訴訟ともなれば会社は損害賠償額だけでは済まない、目に見えない巨大な損失があると考えられるのです。

安全配慮義務については、工場や建設現場など、物理的に危険が見える職場だけではありません。最近は、うつ病に代表される精神疾患と過重労働の問題が大きく取り上げられることがあり、長時間の残業を社員に強いたり、放置していて、会社が罪を問われることがあります。これらの裁判も「安全配慮義務違反」で会社が罰せられています。

もし皆さんの会社で、過重労働や安全に対して不安があるのであれば早急に解決することが必要となるでしょう。

第6章

こんな懲戒・業務命令はいけない

〈議題〉

こんな懲戒・業務命令はいけない

社長：社員が会社に迷惑をかけ、損害を与えた場合、懲戒解雇を筆頭に減給や降格などの懲戒処分を実施すると思いますが、どんな場合、懲戒解雇で、どんな場合が減給なのでしょうか？

先生：社員が会社に対して背信行為を行ったり、わざと損害を与えたりした場合などは、確かに懲戒処分の対象となる場合が多いです。その際は、事前に「こんなことをしたら懲戒解雇になります」などと就業規則や雇用契約書で決めておく必要があるのです。

社長：就業規則や雇用契約書に決めておかないと懲戒解雇等ができないということでしょうか？

先生：全くできないとは言い切れませんが、かなり難しいでしょう。例えば、経理課長が横領して証拠があるなどの場合は、懲戒処分は実施できると考えられますが、明らかに犯罪というレベルでなければ厳しいでしょう。

それよりも就業規則や雇用契約書で「このような行為をしたら、このような懲戒処分となります」と明記する方が処分を受ける方もする方も誤解が少ないところではないでしょうか？

社長：事前に決めておくことはよくわかりましたが、これは公平に処分するという意味合いがあるからでしょうか？

先生：確かに、社長が感情的になって「あの社員が気に入らないから、懲戒解雇だ」となってしまったら、組織がなりたたなくなってしまいます。また、事前に「こんなことをしてはいけませんよ」という注意喚起の意味もあるのです。

48

Checkpoint of the work

懲戒処分のポイント

懲戒処分とは「社員の違反行為に対する制裁」のことです。これは法律上も就業規則に定めないといけません。

しかし、中には定められていないケースもあり、この場合は「懲戒処分をすること自体」ができないのです。これが無いと、会社は社員への制裁を行なうことができず、法的には裁判などで決めてもらうしかなくなるのです。

会社には「企業秩序」を守るためのルールが必要で、これを乱す社員に懲戒処分を行なうことは当然のことです。そして、処分の内容は会社に任されているのです。これは法律や公序良俗に違反しない限り、会社が自由に決められます。これを保全するために、就業規則が必要になるのです。

また、労働基準法では「制裁の内容を決める場合、種類、程度を記載することは義務」

としています。このため、懲戒処分をするためには、就業規則に記載されている事由に該当することが絶対条件なのです。

一般的には次のように就業規則となります。

第○条（懲戒の種類と情状酌量）

１、懲戒はその程度により次の区分によって行う。ただし、懲戒を行う程度に至らない場合には口頭厳重注意にとどめる。

○けん責　始末書を取り将来を戒める

○減給　１回の額が平均賃金１日分の２分の１以内、かつ、総額が一賃金支払期の賃金総額の10分の１を超えない範囲で減額する

○出勤停止　７日以内の範囲で出勤を停止しその間無給とする

○降格・降職　資格等級を下げあるいは役職位を免じ、又は、下げる

○諭旨退職　退職するよう勧告し退職願を提出させ自己都合退職扱いとするただし、これに従わない場合は懲戒解雇する

○懲戒解雇　解雇予告手当を支給し即刻解雇、又は、行政官庁の認定を受け、解雇予告手当を支給することなく即刻解雇する

2、懲戒処分を受ける者に改悛（かいしゅん）の情が明らかに認められ、情状酌量の余地あるときは本人の性格・勤務成績その他をしん酌し、その処分を軽減することがある。
3、懲戒の審査中にその必要を認めたときには、3日以内の範囲で自宅謹慎を命ずることがある。この間については平均賃金の6割を支払う。
さらに、これとは別に懲戒処分の対象になる行為などを記載します。たとえば、無断欠勤、遅刻、副業、勧誘行為、社用車の私物化などです。

そして、この就業規則を実行するのです。ただし、このときに気をつけることがあります。

まず、違反行為と懲戒処分のバランスが取れていることです。軽い違反に対して、重い処分を科すことはできません。裁判でも「バランス」が取れていないため、無効となったものもあります。

次に、懲戒処分の判断につき、段階的に行うことです。初めから重い処分を与えるのではなく、まずは軽い処分をする趣旨です。これは重い処分をしたとしても、この有効性を法的に成立させるためです。1つの違反につき、2つの懲戒処分はできません。つまり、二重処分の禁止ということです。

また、前に懲戒処分を受け、再び同じ違反を繰り返した場合、前の処分よりも重くすることができます。

そして、処分手続きを厳守することです。懲戒処分は社員にとって不利益になる処分です。だから、この手続きが就業規則などに記載されていなければなりません。この記載された内容に従わないと、「それだけで」処分が無効となるのです

なので大切なのは、

・会社に合わせて、就業規則を穴のないようにすること
・懲戒処分に関しては、該当事由、手続きをきちんと書くこと

なのです。

例えば、解雇を判断する場合、「懲戒委員会」等を開いて、弁明の機会を与え、その後に判断するなどです。

この手続きを守って初めて「法的に有効な処分」となるのです。どんなに大きな違反であっても、正式な手続きを省略してはいけないのです。

49
Checkpoint of the work

社員の横領について

先日、ある社長から次の相談を受けました。

「経理の担当者が現金を着服しているようですが、被害は数千円程度です。これでも懲戒解雇できますか？」

横領などの現金の不正行為はその立証がとても難しく、また、確実な証拠等が無ければ処分の対象とするのも厳しいです。

しかし、確実な証拠があれば、懲戒処分の対象となり、懲戒解雇も可能です。そして、金額の大小で処分の判断が異なる訳ではありません。これに関する裁判があります。


〈東京都公営企業管理者交通局事件東京地裁平成23年5月25日〉
○都営バスの乗務員は乗務中に運賃を乗客から直接手で受け取り、不正に横領した。

○不正に得たお金は1100円であった（乗客からの通報で発覚）。
○東京都は乗務員を懲戒免職とした。
○これに対して、乗務員は不当な処分として裁判を起こした。
裁判所は以下の判断をした。
○バスの乗務員として、運賃の不正取得は極めて悪質であり、職務上、許されない行為である。
○運賃の不正取得の額の大小にかかわらず懲戒解雇に値する。
○処分は有効とし、会社が勝訴。

この裁判と類似した裁判で、前橋信用金庫事件（東京高裁平成元年3月16日）がありま す。この裁判は1万円の横領で懲戒解雇となったものですが、懲戒解雇を有効と判断しています。また、旅費の不正請求の裁判としてＮＴＴ東日本事件（東京地裁平成23年3月25日）では、旅費の不正請求（約76万円）が発覚し、社員を懲戒解雇して裁判になり、懲戒解雇は有効と判断されました。

これらの裁判から言えることは金額の大小は関係なく、経営秩序維持のためから厳しい処分が妥当と判断されているのです。

ただし、会社として留意すべきことは、「不正行為が確実に立証できるかどうか」であり、公正、かつ、慎重に事実を調査することが重要になります。
実際に、次の裁判では懲戒解雇が無効となっています。

〈福岡高等裁判所平成9年4月9日〉
○ワンマンバスの運転手の事例。
○運転手の運賃回収方法がルールで決められていた。
○その手順に違反していた。
○運転手に横領の意図の疑いはあるが、その都度、運転手からの事情聴取を含む調査がなされていない。
○「手で受け取った金額が最終的に運賃箱に投入されたかどうかは不明」と判断された。
○詳細な事実関係が明らかでなく、同乗務員に横領の意図があった断定することはできないので、懲戒解雇は無効。

〈東京地方裁判所平成15年6月9日〉
○この裁判もバス会社の事例。
○助役が使途不明金を発生させてしまい、懲戒解雇となった。

○「説明や資料の提出が不十分であった」として、懲戒解雇は無効とされた。

このように懲戒解雇が有効か？ 無効か？ の判断は非常に難しいところです。しかし、懲戒解雇等の処分を行う場合、会社の一方的な判断の押しつけではなく、懲罰委員会等の会社の正式な判断の場を設けることが大切です。そして、その場で本人に十分な弁明の機会を与えることが重要となります。これで会社の一方的な判断の押しつけではないことを証明することとなるのです。

特に、「懲戒解雇が無効」となった2つの裁判をみてみると、調査の不備（疑惑時にその都度の調査が実施されていない）や説明、資料の不足を理由として「懲戒解雇を無効」としているのです。

もちろん、ケースバイケースではありますが、調査や説明等を詳細に対応することは必須であることが裁判の比較でよくわかります。また、不正が再び行われないように再発防止対策も講じる必要があります。

例えば、集金業務等の場合、その方法やチェック体制などを強化することが重要となるのです。

具体的には以下の方法が有効と考えられます。

・現金等の集金は廃止し、全て振込とする
・ダブルチェックの実施
・不正に対し、上司の連座制
・発生した場合は、報告書の作成
・監視カメラの設置
などがあります。

不正が発生したら、懲戒処分を科すことは必要ですが、それ以上に再発防止を強化することが重要です。単に、不正発生に対して「懲戒処分を実施して終わり」では、根本的な解決にはなりません。再発防止策を講じて、始めて次のステップに進んだことになるのです。

50

Checkpoint of the work

部下の不祥事に対する上司の処分は？

先日、ある会社からご質問がありました。

「部下が不祥事を起こした場合、直属の上司にもなんらかの懲戒処分を科すことを検討しています。これは管理者責任を自覚させるのが目的ですが、部下の処分よりも軽くすべきか重くすべきかなどの考え方について教えてください。また、部下が重要な企業秘密を漏えいして懲戒解雇になる場合、その上司も併せて解雇しても問題ないでしょうか」

最初に結論をお話ししますが、部下が不祥事を起こした場合、上司に懲戒処分を科すことは可能です。ただし、これは「就業規則に定めがあること」が前提です。逆に言うと、明確に記載がなければ、上司の処分はできないのです。

就業規則の参考条文は以下となります。

（制裁の事由）

第○条従業員が次の各号のいずれかに該当するときは、情状に応じ、訓戒、譴責、減給、出勤停止又は降格降職とする。

〈中略〉

○部下に対して、必要な指示、注意、指導を怠ったとき

○部下の、懲戒に該当する行為に対し、監督責任があるとき

そして、上司の責任として懲戒処分を行う場合は

・管理者として監督指導義務の不履行があったか？

・規律違反（不履行）の程度はどのレベルか？

・会社に前例があるかどうか？

ということが重要です。

また、通常の場合は上司の処分よりも部下の処分が重くなるでしょう。

しかし、部下の行為が重大な違反で、会社に大きな損害をもたらす場合、行為の阻止、発見の遅れについて、上司に重大な過失があるならば、懲戒解雇の対象になり得るのです。

これに関する裁判があります。

〈関西フエルトファブリック事件大阪地裁平成10年3月23日〉
○経理担当社員が売掛金を偽造し、多額の金銭を横領していたのが発覚した。
○上司である営業所長は何回もこの社員と飲食をともにした。
↓合計数十万円、経理担当社員が全額を支払う
↓経理担当社員の給料は月給20万円程度
○営業所長は「横領の事実には気がつかなかった」と主張。
○会社は営業所長を「重大な過失により、会社に損害を与えた」として、懲戒解雇としたが、納得のいかない営業所長は裁判に訴えた。
裁判所の結論は以下となった。
○この社員のお金の使い方が派手さから、健全な常識を働かせれば、部下の行為に不審の念を抱き、金銭を横領していることを知り得る情況があった。
↓現預金の残高を確認すれば、経理担当社員の横領を簡単に発見できた
○営業所長が経理関係のチェックを「著しく怠った」ために被害額が増大した。
○営業所長の重大な過失を認め、就業規則の懲戒事由に該当するとして懲戒解雇は有効（管理、監督義務違反による懲戒解雇は有効）。

通常の業務として経理関係のチェックをしていれば未然に防げたはずですし、チェックを著しく怠ったために被害額が増大したことが「重大な過失により会社に損害を与えた」と認められたのです。

結果として、重大な過失の場合には、上司への制裁としての懲戒解雇が認められることもあるのです。

冒頭のご質問に戻りましょう。重要な企業秘密の漏えいをした部下の上司にも解雇を検討する場合、処分のポイントは以下となります。

・企業秘密の漏えいが発見できなかったことに重大な過失があるか?
・漏えいを見過ごしていないか?

だから、この発見の遅れの原因が管理の怠慢、放置、故意などの場合は重過失として、解雇を検討する必要があるかもしれません。しかし、通常の管理を行っていた場合、解雇は無理なので、解雇よりも軽い懲戒処分を検討することになります。

当然ですが、巧妙な手口で行われ、簡単に発見できないような不正ならば、上司に重い処分は科せません。

ただし、こういう時は

・譴責《けんせき》：始末書を提出させ、反省を促す
・減給：始末書を提出させ、給料の10％カットなど

という懲戒処分が相当と考えられます。

もちろん、このような不正行為は発生しないことが一番です。しかし、実際にこういう事件が発生した会社の社長は「彼がそんなことをするなんて……」と必ずお話しされているのです。

なので、不正が起きない（起きにくい）社内システムを構築する、業務上横領については民事事件、刑事事件の両方の側面があることを伝える（執行猶予がつかず、実刑となることもよくあります）、入社時に保証人を付けさせる（大企業では必ず行います）といったことが大切です。

そして、管理者である上司にも管理する意味を「繰り返し」伝えていくことが重要です。

51

Checkpoint of the work

降格人事はどこまで可能か？

経済環境が停滞している今、降格人事についてのお問い合わせも多くあります。そんな中、ある社長から次のご質問を受けました。

「営業課長が発注ミスをしましたが、これで3回目です。ヒラの営業マンに降格を考えていますが、問題ありませんか？」

まず、降格についてみていきましょう。降格には

（1）人事権の発動による降格

（2）制裁としての降格（今回のご質問）

があるので、個別にみていきましょう。

まずは、（1）についてです。降格とは人事権の発動の一部で、会社が自由に命じることができ、社員はこれに従わなければなりません。また、出向、転勤などと同じで、降格は

「基本的には」拒否することはできません。なぜなら、多くの会社は入社時に誓約書を提出してもらっており、その誓約書に労働契約、就業規則、その他の会社の規則を守ることが記載されていて、それに同意しているからです。

つまり、「会社の命令に従います」と宣言しているからなのです。ただし、今回のご相談は「課長から一般社員」という降格で、極端な降格と考えられます。

異動、昇格、降格などの人事権は「基本的には」会社の判断でＯＫで、法律の制限はかかりません。

しかし、極端な降格や異動は違法行為となってしまう可能性があるのです。もちろん、降格そのものが違法ではありませんが、下記のことをチェックする必要があります。

・合理的理由があるか
↓就業規則に降格の理由が記載されているか？
↓労働契約書で降格理由が記載されているか？
・降格の前例はどうなっているか？
↓例：部長から課長へ前例あり↓降格しやすい
↓例：部長から係長へ前例なし↓降格は厳しい

営業会社のように、中には昇格、降格が日常茶飯事で、激しく上がったり、下がったりする会社の場合は部長から係長などへの2階級以上の降格が認められる可能性もあるでしょう。ただし、一般的な昇格、降格は1階級ずつなので、2階級以上の上げ下げをする場合は合理的理由と前例をしっかりと抑えて実施する必要があります。

次に、(2)についてです。会社に対して大きな損害を与えた場合など、制裁の意味での降格もあります。この場合は単に辞令等で降格を告げるのではなく、ルールにのっとった手続きを行いましょう。具体的には下記の流れで実施してください。

・懲罰委員会等を開催し、複数の役員で決定する
↓社長等の1人の決定ではなく、公正な手続きを踏む
・降格となった本人の意見を聞く
↓弁明の機会を与える
・議事録を保存しておく
↓裁判等の証拠として残しておく
冒頭のご相談も正にこれに当たるので、この流れに沿って実施するようにお伝えしまし

です。

「降格して、部長から課長になったので給料を下げることができるか？」ということです。降格に関してよくある質問が給料についてです。

この場合、理由もなく給料を下げることは「「労働条件の不利益変更」となり、法律で禁じられています。しかし、降格人事という理由により給料を下げることは可能です。

例：部長手当10万円→課長手当5万円

この場合は部長から課長に降格し、職務上の責任の範囲が変わったので、手当の額が下がったというだけです。だから、これは「労働条件の不利益変更」には該当しないのです。

このように同じ降格といっても2種類あり、

（1）人事権の発動による降格→合理的理由と前例があれば、会社が命ずればＯＫ

（2）制裁の意味での降格→懲罰委員会等を開催する手続き必要

となるのです。

降格は社員にとってもいいことではなく、トラブルの原因ともなりやすいものです。それだけに十分な注意をして、対応することが大切なのです。

52
Checkpoint of the work

配置転換の命令を拒否した場合の処分とは？

配転命令を出したら、社員とトラブルに発展するケースが時々あります。本来、社員が配転命令を拒否することは、業務命令違反となり、懲戒処分の対象となります。

なぜなら、配転命令の拒否は「雇用契約上の義務違反」であり、就業規則等に記載されたルールを破ることとなるからです。もちろん、配転命令拒否を理由に懲戒処分を行う場合、「配転命令そのものが有効かどうか」が問われることになります。

これに関する裁判があります。

〈東亜ペイント事件最高裁昭和61年7月14日〉

○社員は全国十数か所に事業所を持つ会社の営業職で、入社してから8年間、大阪近辺で勤務していた。

○就業規則には異動命令の条項があり、「正当な理由なしに命令を拒否することは不可」との記載あり。
○会社は社員に「神戸営業所から広島営業所への転勤」を内示したが、家庭の事情を理由に転勤を拒否された。
○その後、名古屋営業所への転勤を命じたが、これにも応じなかった。
○社員の転勤拒否は就業規則の「業務命令に従わない」に当たるとして懲戒解雇を実施した。
○社員は転勤命令および懲戒解雇の無効を主張して提訴した。
第1審、第2審とも「転勤命令は権利乱用」で無効とし、社員の請求を全面的に認めていた。

しかし最高裁ではこれとは逆の判断が下された。
○転勤命令は業務上の必要性が存在することは認める。
○社員が受ける生活環境の変化も受け入れるべき程度のものである。
○会社側の主張が認められ、「解雇は有効」と判断された。

会社は社員の同意なしに勤務地を決定できることを認めているのです。

しかし、転居を伴う転勤は社員の生活に大きく影響を与えるものなので、無制限に権利行使はできないとも判断しています。

例えば、育児や介護などの「特別な事情」がある場合は、転勤について会社も「考慮」が必要となります。

また、配転命令は有効だが、配転の理由等を明示していないとして、「懲戒解雇は無効」とした裁判があります。

〈メレスグリオ事件東京高裁平成12年11月29日〉

○社員（女性）は営業職として、渋谷の本社に勤務していたが、会社の業績悪化により、退職勧奨を受けた。

○社員は退職勧奨を断った。

○その後、埼玉県比企郡の工場への配転を命じられた。

○通勤時間が従来の2倍になり、独身女性であることから、居住している公団に老後も住み続けたいとして、配転命令を拒否したら懲戒解雇された。

○社員は「懲戒解雇は懲戒権の濫用であり無効」とし裁判所に訴えた。

高裁の判断は以下となった。

○社員が配転命令に従わず、工場に出社しなかったのは就業規則の業務上の指揮監督に従うべき義務に違反しており、懲戒解雇の事由には該当する。

○しかしながら、懲戒解雇の効力は、以下のとおり、認められない。
↓社員の居住地から工場まで、通勤に約2時間と従前の約2倍を要することになるにもかかわらず、通勤所要時間、方法等につき、内示前に確認していない
↓社員が「通勤が難しい」と主張し、配転を拒む姿勢を示していたが、配転を命じた事情、通勤時間、方法等について説明していない
↓配転命令に従わなかったことにより懲戒解雇にしたことは性急に過ぎ、社員の生活が配転により受ける影響に対して配慮していない
○以上のことから会社側が敗訴となった。

この裁判では「配転命令そのものは有効」としながらも、命令後の会社の対応に問題があり、「説明責任を果たしていない」ことから、懲戒解雇が無効となったのです。

この2つの裁判から言えるのは、配転命令に従うことを就業規則等に記載し、厳格に運用すること、そして内示の時に配転についての説明（配転の事情、通勤時間、方法等）を明確に説明することの2つが重要ということです。

53

Checkpoint of the work

損害賠償を社員に請求ができるのか？

社員がミスをして会社が損害を被った場合、会社が社員に賠償を請求することがあります。この行為そのものは認められていますが、社員は会社の業務として動いているので、リスクは会社が負担すべきという考え方もあります。

しかし、社員側にミスがある場合もあり、会社は社員に損害賠償をしたいというケースもあります。この場合はどの様な判断がされるのでしょうか？

これに関する裁判があります。

〈エーディーディー事件大阪高裁平成24年7月27日〉

○ある社員が担当するカスタマイズ業務の質が落ちて、損害が発生した。

○その後、この社員が担当するプログラミング作業が期日までにできなかった。

○会社はこの社員の影響で大きな損害を被ったと主張した（約2000万円）。
○会社は社員に損害賠償を要求し、裁判を起こした。
裁判所は以下の判断を下した。
○社員のミス等で受注が減ったが、故意に起こしたものではないし、大きな過失があったとも認められない。
○会社が主張する2000万円の損害額はこの社員の給料と比較し、高額すぎる。
○本件の損害は会社と取引先の問題であり、通常の取引関係で発生する取引のトラブルである。
○社員の責任はないとして会社が敗訴となった。

このように、社員に対する損害賠償責任については、「故意か?」「重過失があったか?」というポイントで判断がされているのです。

今回の裁判では、社員の行為に故意や重過失は認められなかったので、社員の責任ではないという結果になったのです。

このように、会社は「通常発生するであろうリスク」については、責任を負わなければなりません。

しかし、社員の「故意による、または、重過失による損害」については、社員側に損害を賠償してもらうことができるのです。ここで考えなくてはいけないのは、「会社としてのリスク管理体制」「労働環境」についてです。

ある裁判では請求書の発行ミスが問題となり、上司の対応についても問題として指摘されています。「組織としてきちんと対応していれば、請求書の未発行の件数がここまで増えなかったはず」と判断しているのです。

また、過重な労働環境下のため、ミスが増加したとも判断されており、これらの要因で賠償額が損害額の4分の1になってしまいました。

以上が社員に損害賠償請求できるか否かの考え方となります。

もちろん、損害等が発生した場合に責任の所在をはっきりさせることも重要ですが、もっと大切なことは発生させない仕組み作りです。システム、文書によるチェック体制の構築が大切です。こういうチェックがあれば、社員が故意に何かを起こそうとしても、防止できる可能性が高くなるのです。

「やろうと思っても、やれない仕組み」が重要です。それでも発生するものに関しては、会社が責任をもって対応することが基本となります。

54

Checkpoint of the work

人事考課の適法性について

大会社では人事考課が整備され、これに基づき評価が実施されていますが、中小企業でも何らかの形で「人事考課」を実施している会社があります。

例えば、以下のような形が考えられます。

・5段階の評価を行う
・1年に1度、個人面談を実施し、昇給額を決める
・業務成績を基に面談を行い、昇給、昇格をする

しかし、大企業、中小企業問わず、多くの会社で「制度がうまく機能していない」「人事考課を導入したら、人間関係がギスギスした」「社員のモチベーションにつながらない」などの問題点を聞くことが多くあります。

確かに、人事考課には「人が人を評価することの難しさ」「評価にあたっての基準の明確

化」「評価にあたっての情報収集の難しさ」等の様々な問題があるのも事実です。

さらに、「あの上司に評価されたくない」「うちの課長は「ひいき」ばかりして、人事考課が公平ではない」「人事考課のポイントが様々で、実は、適当に点数をつけている」などの話もあります。

評価する側の「考課者訓練」が大きな問題となっていることも事実ですが、課長等がした1次評価を修正するのが、経営層の大きな仕事でもあるのです。特に、人事考課は給料と直結する部分でもありながら、上司などの感情が絡んでくることもよくありますので、これも大きな問題です。

さらに、感情ではなく、「法的な判断が影響」する場合もあります。

これに関する裁判が以下となっています。


〈マナック事件広島高裁平成13年5月23日〉
○該当する社員は主任で、監督職（4級）であった。
○主任が会社と会長を批判した発言をし、これが原因で会長から叱責を受けた。
○次の人事考課で「勤務成績が著しく悪いとき」に該当するとして一般職の3級に降格となった。
○次の夏季賞与は算定期間における考課上の評点がEマイナス（最低の評点）となった。

○その後の人事考課は、昇給、賞与とも業績考課上の評点が最低評価が続いた。
○これに関して、降格処分の違法性、賞与差額の賠償などを争点とし、裁判を起こした。
第一審では「違法な考課」は認められたものの、これ以外は認められず、第二審では次のようになった。
○昇給は「これからの給料を決めるもの」とし、「1年間の考課実績で決める」と規定にも記載されている。
↓何年も前の言動を人事考課に影響させることは会社の不法行為
○会社批判をして最低評価とされた点以外は、人事考課で最低評価とすべきでない（裁量権を逸脱）。
○賞与の考課は、賞与規定に定められた支給時期、算定期間、支給額の算定基準が明確にしてあり、これを外れて考課することは不法行為。

この裁判について、さらに詳しく見ていきましょう。

社員が行った経営陣への批判は、「管理職としての能力に疑問があり、内容も頂けない」「勤務時間中に同僚の面前でなされた点も、能力評価につき問題視されてもやむ得ない」と認めています。

また、会長への批判、暴言も、人格的な批判にまで及んでおり、「管理職の能力判断で負の評価をされてもやむを得ない」としています。

しかし、給与に関しては侵害されているというのが第二審の判断なのです。

この裁判からも言えますが、一般的に人事考課が「違法」とされる場合は次の3つのポイントがあげられます。

・不当な動機、目的がある
・評価の前提となった事実に間違いがある
・評価基準が著しくバランスを欠いている

今回の裁判も

・経営陣等の批判ということで、会社側が「感情的」となる（不当な動機、目的）
・考課期間を超えて低い評点とした（評価の前提の事実の誤り）
・評価を「実際は最低評価とする事実がない」のに最低評価であった（バランスを欠いている）

などに該当するのです。

人事考課は「会社側に大きな裁量権がある」とされているので、会社が自由に決められると解釈されるケースが多いです。しかし、就業規則、人事考課規定などに詳細に定めて実施する必要があり、これを開示して示すことが重要です。

第7章

こんな解雇をしてはいけない

〈議題〉

こんな解雇をしてはいけない

社長：「解雇」は会社の権利という話を聞いたことがありますが、本当でしょうか？

先生：確かに、解雇権は会社が持っている権利の1つです。しかし、解雇を実行するということはとても難しいことです。

社長：でしょうね！　同業者の友人の社長が、仕事ができない社員を「クビ」にしたら、訴えられて大変な目にあったと聞いたことがあります。
もし、実行するとなると何が難しいのでしょうか？　私も以前、中途採用で採用した社員が「仕事ができなくて」困ったことがありました。解雇できないか？と模索しているときに退職願が本人から出てきたので、事なきを得たのですが、仮に、本人が残るとなっていたら任せる仕事も無いし、どうしたいいのか途方に暮れてしまったと思います。
また、このような状況になってしまったらどうすればよいのでしょうか？

先生：それは大変な経験をされたのですね。結果的には事なきを得たということですが、

もし、社員の人が自ら退職を選択しなかったら、いろいろな手を打たなければならなかったでしょうね。ところで、社長の会社の就業規則はきちんと制定されていますか？

社長：えっ？　解雇と就業規則は関係するのですか？

先生：これは大いに関係します。就業規則に解雇の条項があって、それに該当する状況がないと解雇を検討する事そのものができないのです…。

社長：そうなのですか？　てっきり、これをしたら解雇をしてもよいということかと思っていました……。

先生：確かにそういうケースもあるでしょうが、実際は就業規則に該当する条文があった方が手続きがスムーズにいくのです。解雇を実行するには「客観的に合理的な理由があること」そして、「社会通念上相当であると認められること」という2つの要件が必要なのです。

55

Checkpoint of the work

問題社員を解雇する方法

「周りの社員とうまくやっていけない社員がいるのですが、本人はそのことに気がついていないようで、勝手気ままに過ごしています。自分の主張は強くするのですが、上司の命令さえ聞きません。協調性に問題があり、周りの社員も振り回されているので、この社員を解雇することはできませんか？」

少し前に、このようなご相談を頂きました。職場の秩序を乱す社員は他の社員にストレスをかけ、その存在が組織をマイナスの方向に向かわせてしまうこともあります。

しかし、すぐに解雇できないのが法律となっています。解雇するには「客観的なそれなりの理由」「誰が見ても解雇に値する相当性」が必要で、段階的な対応が必要です。

解雇までの現場での対応は、就業規則に解雇となる理由を詳細に記載する、解雇に至るまでの社員と会社の対応を記録するといったことです。就業規則に解雇の理由の記載があれば、事前に解雇の理由を社員に通知したこととなります。
以下に挙げるような具体的事実を証拠として残しておくのです。

（1）問題言動の発生を記録
↓いつ？　どこで？　誰に対して？　どのような内容？
（2）口頭にて注意を実施
↓コミュニケーションによる改善、まずは軽めに注意する
（3）書面にて改善指導
↓口頭注意で改善がみられない場合、正式文書として発行、裁判等になったときの強力な証拠となる
（4）懲戒処分
↓就業規則に「懲戒の事由」と「処分内容」を必ず記載しておく、弁明の機会を設ける
（5）退職勧奨
↓懲戒処分にも関わらず、問題行動の改善がみられなければ、退職することを勧める

（6）解雇
→退職勧奨により自ら退職を選択しない場合、解雇を実施

このプロセスの目的は問題社員に改善をしてもらうことです。だから、実際に改善されれば、懲戒処分、退職勧奨、解雇などは実施しなくてもいいのです。ご相談の場合、理由は多くありますが、決定的な理由が無く、誰が見ても「解雇に値する」という判断ができないので、解雇は厳しいと考えられます。しかし、早急な対応を求めすぎる社長が多いのです。

だから、争いになっても、会社が負けてしまうのです。私に言わせれば、無策で負けるべくして負けているケースばかりです。

社員が問題を起こし、強引に辞めさせようとするケースもあります。しかし、これは得策ではありません。力づくで辞めさせようとして、失敗したケースも多く見てきました。ここまでくると問題社員も「法律武装」する可能性が高くなります。「不当解雇」で訴えられる可能性もあります。

まずは、冷静に対処する気持ちを持ちましょう。感情的になったら、アウトです。そのために最低限の法律を知り、対応することが重要です。

これに関する裁判があります。

〈カジマ・リノベイト事件東京高裁平成14年9月30日〉
○書類の処理方法を守らない、コピー作成の拒否、上司の書類を無断で読むなど、社員は上司の指示に従わなかった。
○会社はこの社員に対し、「職場秩序に悪影響を与える」として、けん責処分を実施した。
○けん責等の理由は以下のようなもの。
・会社の導入したソフトを利用せず、自分が慣れたソフトを使用
・仕事のミスについて「上司がしっかり引継ぎしないから」と侮辱
・上司の説明について「ネチネチと話をするのは止めて下さい」と反論、など
○会社は改善がみられないため、けん責を合計4回実施した。
○会社は反省を促すため始末書の提出を命じたが、提出しなかった。
○会社は処分通知書を社員に渡したら、これをシュレッダーに投入した。
○会社は社員を解雇とし、社員は解雇無効を裁判所に訴えた。
○第1審の東京地裁（平成13年12月25日）は解雇無効と判断した。
第2審の東京高裁は以下の判断を下した。

○懲戒処分の対象となる事柄一つ一つを取り上げると、些細なものが多いが、会社全体として考え、秩序維持の観点から「自分のやり方」、「自分の態度」を変えない等は違法性が高い。
○4回のけん責を通告されても改善する姿勢がみられなかった。
○会社から弁明する機会が与えられていた。
○就業規則に「勤務成績又は能率が著しく不良で、就業に適しないと認めるとき」との解雇条項があることなどから、解雇権の濫用には当たらないとした。
○多数の問題があれば客観的合理的な理由となり、注意指導による改善の機会が与えられていても、改善されなければ社会相当性を備えていることになる。
○解雇は有効とされ、一審の判断を覆し会社側が勝訴した。

この裁判のポイントは
・具体的にどういった点に問題があるのかを本人に伝えている
・会社として記録を行っている（多くの会社はこれが抜けることが多い）
・改善を促している（口頭のみ）
・口頭のみの改善で効果が無ければ、改善指導は文書を用いて実施する
・会社の正式な文書として発行し、裁判等となった場合の証拠力を高める

・些細な事でも、きちんと記録をとり、それに対して口頭注意を行い、さらに、改善指導書を発行し、就業規則通りに運用が細かく実施した

というプロセスをきちんと踏んでいるところです。

このように、解雇を実施するには細かいところまで気を使い、就業規則の条文等を忠実に運用することで、有効性が高まるのです。

56

Checkpoint of the work

試用期間中の解雇について

試用期間は本採用になるまでの「お試しの期間」で、この期間での解雇についての問い合わせも多くあります。つまり、「雇ってみたら使えなかったので、解雇できるか？」ということです。

「一般的な解雇」では様々なハードルがありますが、「試用期間中の解雇」の場合は「一般的な解雇」より広い範囲で認めらます。

具体的にはどの部分が緩和されているのでしょうか？

これに関する裁判があります。

〈日本基礎技術事件大阪高裁平成24年2月〉

○会社は6ヶ月の試用期間を設けていた。

○新入社員が入社したが、睡眠不足で業務に専念できない。
○新入社員は研修中に門限を破った。
○業務についての課題が未提出だった。
○指導員が繰り返し注意したが、改まらない。
○４ヶ月を経過し、改善の見込みが無いので本採用拒否の解雇を実施。
○新入社員は解雇権の濫用と裁判に訴えた。
高裁の判断は以下のようになった。
○新入社員に改善の可能性が無いと判断したことは相当の理由あり。
○就業規則に「能力、勤務態度、健康状態等で不適当と認める場合、解雇する」と規定してある
○試用期間中に指導や教育は十分に行われていた。
○解雇は妥当して、会社側が勝訴した。

ただし、この事例では上記（２）の「本人の弁明の機会」を与えていなかったのですが、裁判所の判断は「改めて機会を与える必要なし」だったのです。

だから、試用期間での解雇については指導、教育の実施が重要視され、「本人の弁明は関係なく、結果が全て」ということになるのです。この部分が一般的な解雇と違う部分です。

これに関して、労働法に強い弁護士に聞くと「一般の解雇と試用期間中の解雇では、試用期間中のほうが緩い」とお話されていました。
しかし、「試用期間中での解雇の時期が不適当」と判断された裁判もあります。

〈医療法人財団健和会事件東京地裁平成21年10月〉
○試用期間が3ヶ月間設けられていた。
○新入職員の勤務状況が悪かったので、注意指導を実施。
○改善傾向にあったが、2ヶ月と20日で解雇を実施。
○新入職員が解雇について裁判を起こした。
裁判所の判断は以下のようになりました。
○試用期間満了まで様子をみず、解雇すべき時期の選択を誤った。
○誰が見ても解雇が妥当とは言い切れない。
○解雇は無効として会社が敗訴した。

〈日本基礎技術事件〉では試用期間が6ヶ月のうちの4ヶ月、この裁判は試用期間が3ヶ月のうちの2ヶ月と20日です。

この2つの裁判の違いは「単純に期間の問題」「指導や教育の状況、本人の改善状況」が基準になったと推察されます。

では、試用期間中の解雇について実務上の留意点をみてみましょう。

・指導、教育について口頭のみではなく、指導日誌等で記録をとる
→裁判等の証拠となる
・解雇の見極めは試用期間満了時に実施
→途中で行うと見極めが不十分と指摘される可能性あり
→途中でもやむなしと判断できれば実施
・解雇の手続きとして30日分の解雇予告手当を支払い、試用期間満了時に解雇する
→懲戒解雇事由に相当する重大な事実があった場合は、労働基準監督署に除外申請を行い、予告手当は支払わない
・解雇すべきか否かの見極めができない場合、試用期間の延長もありうるが、争いになる可能性が大きい
→できれば、延長は避けて期間中に判断する

なお、試用期間中の解雇であっても、「入社後の健康状態が悪く、通常の出勤ができない」「遅刻等を繰り返すなど、勤務態度が悪すぎる」という場合、入社後2週間以内であれば、即日解雇できます。

この場合は労働した分に対応する給与だけを支払えばＯＫで、解雇予告手当は必要ありません（労働基準法21条）。

57

Checkpoint of the work

うつ病の社員は解雇できないのか？

うつ病を代表とするメンタル不全に関するご相談は増えており、たとえば、「うつ病のため、働けないいから解雇したい」というものもあります。

もちろん、社員が精神疾患であるだけで解雇はできませんが、「業務に多大なる支障がある」「勤務態度が不良の場合」などの場合は解雇ができる場合もあります。

これに関する裁判があります。

〈日本ヒューレット・パッカード事件東京地裁平成24年7月〉

○ウェブサイト管理業務の社員が顧客のクレームを対応しない。

○社員は精神不調（うつ症状）を訴える。

○会社は社員の訴えで業務を軽減した。

○上司から改善指示や提案を受け入れようとしない。
○残業の事前申請についても従おうとしない。
○社員は「上司からパワハラを受けている」と人事に申し立てた。
↓会社は「パワハラはない」と回答
○会社は社員が業務において適切な対応を取らなかったとして解雇した。
○社員は解雇無効を裁判所に訴えた。
裁判所の判断は以下となった。
○社員のうつ症状を考慮し、適切に業務軽減を行った。
○勤務態度改善に向けて約3年、上司が注意、指導を行った。
○社員の勤務態度は改善されなかった。
○「勤務態度が著しく不良で、改善の見込みがないと認められるとき」という就業規則の解雇理由に該当するため、解雇は妥当とした。

この裁判では、社員が体調不良を訴えたことにより、会社が業務を軽減したことは適切な処置と判断しています。

さらに、上司からの注意や指示を受け入れず、業務命令にも従わない態度は通常であれば解雇されてもやむを得ないと判断したのです。この裁判と同様に、精神疾患の社員の解雇を有効とした裁判があります。

〈東京国税局長事件東京地裁平成３年４月〉
○麻布税務署の署員が長期欠勤。
○再三にわたり出勤命令、専門医への受診を打診。
○これらに応じないため、免職処分とした。
○裁判で免職は有効とされた。

〈豊田通商事件名古屋地裁平成９年７月〉
○業務命令違反、業務妨害、物品の持ち出しを行った社員につき、精神疾患と判断し、会社は治療を受けさせた。
○正常な勤務ができるように協力したが、結局は解雇。
○裁判で解雇は有効とされた。

このように精神疾患等の場合でも解雇が有効という事例もあるので、「精神疾患だから解雇できない」ということではありません。

ただし、それには前提条件があり、精神疾患等の社員が出たら、会社としてやるべきことがあります。それは「業務の軽減」「専門医への受診のすすめ」「治療への協力（例：休職等の検討）」等の対応です。

これを怠って、いきなり重い懲戒処分や解雇を課す場合は無効となる可能性が高くなるのです。社員で精神疾患の疑いがある社員がいたらまずは専門医への受診をすすめましょう。

本人が嫌がっても業務に支障が出ている場合は、業務命令として受診させましょう。

そして、診断結果によって「配置転換」「業務の軽減」「休職命令」などを実施するのです。

その後、社員へのヒアリング等を繰り返し、病状の報告を求めましょう。仮に休職期間が満了となって退職する場合でも退職前に病状の報告などをヒアリングしておくことが必要です。

それがトラブルにならないようにするコツです。

58

Checkpoint of the work

中途採用した管理職が能力不足だったら……

「新しい部署を作るために、外部から責任者を採用したい」「営業部の部長が退職したので、営業経験者を採用したい」という話はよくあります。

しかし、実際に働いてみないと能力は分かりません。前の会社で華やかな実績があっても、次の会社で同じパフォーマンスが出せるとは限りません。

その理由は以下となっています。

（1）会社の看板があったから成果が出ていた

（2）自分の力と会社のブランドを混同していた

（3）退職後、自分が担当していた顧客が離れてしまった

（4）商品が違うため、販売方法が異なっている、商品知識が足りない

中には「あまりにも期待はずれだったので、辞めてもらいたい」というご相談もよくあ

るのです。

もちろん、大手企業ならば他の部署へ配置転換、出向などの方法もあります。しかし、中小企業では配置転換したくても、転換する部署がないということもあります。また、「管理職で採用された社員をいきなり降格することは厳しい」「そのまま雇っていては費用倒れになってしまう」ということもあります。

だから、「管理職を解雇したい」となるのですが、解雇する場合には注意すべきことがあります。

最初のポイントは「雇用契約時の約束」と「就業規則の解雇規定」です。

具体的に挙げると、こういった要素がポイントとなります。

・管理職としてどのような仕事に就くのか（雇用契約）
・会社が期待している業務内容や売上を明示しているか（雇用契約）
・解雇理由として、業務に対する能力不足を規定しているか（就業規則）

漠然と「管理職として採用する」と契約してしまうと、能力不足かどうかの基準が難しく、解雇も難しいでしょう。だから、上記3つのポイントを明確にし、期待に応えられているかどうかの判断基準とするのです。

そして、就業規則の解雇理由に該当するかをみるのです。

これに関して参考となる裁判があります。

〈持田製薬事件東京地裁昭和62年8月〉
○会社は新設のマーケティング部の部長を探していた。
○人材紹介会社からA氏を紹介され、採用した。
○A氏はこの責任者としての資質、実力が欠如していたため会社はA氏を解雇した。
○A氏は解雇無効を訴え、裁判所に訴えた。
裁判所の判断は以下のようになった。
○解雇理由が就業規則に明記されている（具体的には、雇用し続けられないやむを得ない事情がある場合は解雇理由に該当する旨が記載）。
○雇用契約書に肩書きを明示し、それに応じた業務が記載されている。
○しかしA氏は肩書きに応じた業務ができていないと判断し、解雇は有効とした。

裁判所は、A氏は部長職の能力がないので雇用の継続が不可とし、解雇は有効と判断したのです。つまり、会社が勝ったのです。

もう少し詳細をみると、「マーケティングプランの策定や販売方法の提言などを全く行っていない」「この努力をした形跡もない」としています。業務ができないという結果だけでなく、その前段階の努力をしたかどうかまでもが判断材料となっているのです。

これらを踏まえて言えることは採用時の雇用契約書、雇用契約時に約束（記録）したことが重要なのです。

「どんな業務を担当するか」「最低限の売上、利益」などを記載し、就業規則にも「担当業務が能力不足でできない場合は解雇する」と記載するなどの下準備があって、初めて努力の有無が判断材料にできるのです。

また管理職と同様のケースで、「幹部社員を採用してみたが、思ったよりも仕事ができなかった」というケースもよくご相談を受けます。

例えば、海外の現地法人の業績不振で、出向していた責任者の処遇についてですが、これは本人の責任だけを問うことはできません。

これについて参考となる裁判があります。

〈フェイス事件東京地裁平成23年8月〉

○中国進出のため、現地法人の社長をヘッドハンティングした。

○社長という役職と高額の報酬が約束された。

○進出後、現地法人が経営悪化のために撤退。
○退職勧奨（＝肩たたき）を実施したが、断られたので解雇を実施。
○現地法人の社長の解雇は無効と主張し、裁判所に訴えた。
裁判所の判断は、以下のようになった。
○高額な報酬が約束されている。
○雇用契約は現地法人の社長という役職を「特定」した契約。
○実質的に配置転換等も不可能であるという理由により、解雇を有効とした。

つまり、「本人に責任が無くても解雇が有効となった」のです。

もちろん、これは幹部社員だったからこそ、出た判決でしょう。仮に一般社員だったとすれば、この判決は出なかったと推察されます。一般社員であれば、職種の特定された雇用契約ではない」「配置転換の可能性がある」など、社内に留まれる可能性が高いからです。

幹部社員の解雇をスムーズに導くには、雇用契約書に責任者としての役職と責任を明示することや、それに見合う報酬を提示することが重要です。これらを記載していないと、幹部社員として判断されない可能性がありますので、ご注意ください。

もちろん、ヘッドハンティングして雇用する社員はそれなりの地位、報酬を約束しないと入社してくれません。しかし、入社後、思ったように機能しないケースも多くあります。また、会社の事情でお引取り願うケースも出てくるでしょう。

いずれに理由にせよ、幹部社員として採用した人は「本人のプライド」「配置転換後の業務と報酬のバランス」という意味から、配置転換が難しいことはよくあります。結果として、解雇が双方のために一番いいということはあるのです。

ただし、会社としてはその解雇リスクを押さえなければなりません。これに備えるために、上記の契約上のポイントは必ず記載して下さい。

59
Checkpoint of the work

契約社員は解雇できない？

契約社員やパート社員の場合、雇用期間を区切って労働契約を結んでいる会社が多くあります。雇用契約の期間を区切っている労働契約は「有期雇用契約」と言い、半年契約、1年契約などの期間が主となっています。その際に、契約期間中は「解雇できない」ということを聞いたことはありませんか？

これは労働契約法の第17条で決められているからです。

（契約期間中の解雇等）
第17条　使用者は、期間の定めのある労働契約（以下この章において「有期労働契約」という。）について、やむを得ない事由がある場合でなければ、その契約期間が満了するまでの間において、労働者を解雇することができない。

一般的に期間が決まっている契約の場合、途中で契約を解除する場合、残存期間の対価を支払って、契約を解除する場合が多いです。なぜなら、期間が決まっている短期の契約なので、最後まで予定の金額を支払って、契約の解除を行うという考え方です。

契約期間が長期になる正社員の雇用契約では、この考え方はなじまないので、雇用継続が難しくなれば、解雇を検討しなければならないでしょう。しかし、契約期間が決まっているので、もし、契約を打ち切る場合は、更新をしなければ雇用関係が終了するのです。ただし、条文を読むと解雇はできないが、「やむを得ない事由がある場合」は解雇が可能ということです。では一体どんな場合なのでしょうか？

これに関する裁判があります。

〈レラ・六本木販売事件東京地裁平成28年4月15日〉

○社員Aは1年契約で午前9時～午後5時までの営業事務パートとして働いていた。

↓Aの労働契約は3回の更新が行われていた

○会社はAが与えられた職務をこなせず、他の従業員から指導、注意を受けても改善せず、反抗的な態度をとり続けているとして、解雇を実施した。

↓会社は雇用を継続できない「やむを得ない事由」があると判断した
〇Aは不当な解雇であると主張し、裁判を起こした。

裁判所は以下の判断を行った。

〇本件解雇において「やむを得ない事由」があったとは認められない。

〇契約の更新がすでに複数回行われており、継続的な契約という期待を抱かせる契約である。

〇よって会社側の敗訴となった。


では、この裁判を詳しくみていきます。解雇の理由として、与えられた職務をこなせないこと、他の従業員から指導、注意を受けても改善しなかったこと、反抗的な態度をとり続けていることが掲げられていました。

しかし、与えられた職務について、仕事の継続が困難とするほどの重大な支障は見られないということでした。

また、指導、注意に対しては、一方的な発言等で「Aから個別事情を聴取して原因を検証し、その内容に応じて適切な改善策を検討する」などの行為はみられなかったのです。さらに、Aが指導、注意をした従業員に対し、反抗し、ふて腐れる態度をとったことがあるは窺われるが、そのような態度をとり続けていたというわけではなく、職場規律に重大な支障が生じた事実もなかったのです。

そして、「与えられた職務をこなせず」「反抗的な態度をとり続けている」という主張に対し、会社は裁判官を納得させる具体的な事実を立証できなかったのです。また、注意、指導等に対しても解雇以前に「改善策」等の具体案が何もないままに解雇を選択しているので、この判断は適切ではないとしています。

この裁判の判断から考えると「やむを得ない事由」の認定は難しいと考えられ、解雇の選択は厳しいでしょう。だから、有期契約の社員の解雇を検討する場合は、正社員と同等の取り扱いで対応しないと不当解雇の可能性が高くなってしまうのです。

具体的には、書面による警告、具体的な問題点の洗い出し、改善命令。また、改善されない場合は懲戒処分の検討を行うなどのプロセスを踏むことが重要です。

契約の残存期間が少なければ、雇止めも検討する必要がありますが、「契約社員だから、適当に解雇しても問題ない」という考え方は大きな間違いです。正社員と同じプロセスを経ないと不当解雇の可能性が高くなってしまうのです。

60

Checkpoint
of the work

業務不良で解雇は可能でしょうか？

「仕事が全然できなくて、解雇したいのですが可能でしょうか？」
「期限が守れない社員がいて、何回注意してもなおらないので、解雇したいのですが……」

このような悩みは、会社経営者は大なり、小なり、誰でもお持ちではないでしょうか。しかし、「いきなり解雇ができない」ということは皆さんご存じで、どうすれば「法的に解雇が有効となるのか？」を悩んでいます。

では、解雇の要件をみていきましょう。解雇の要件は以下の2つです。

・解雇するに当たり、客観的で合理的な理由が存在する
・解雇が社会通念上相当として認められること

そして、このハードルがなかなか高いということは経営者の皆さんは肌で感じていらっしゃいます。とはいえ、いつまでも仕事ができない社員を置いておくには、会社の収益も、

他の社員の影響も考えると、何らかのアクションを起こさないといけないと考えている社長も多いのです。
この問題に関して、参考となる直近の裁判があります。

〈日本アイ・ビー・エム事件東京地裁平成28年3月28日〉
○会社に期限の定めなく雇用されていた社員3人が、業績不良を理由として解雇された。
○このことについて、3人の社員は「解雇事由が存在しない」と主張した。
○3人の社員は解雇権の濫用として無効であり、不法行為に当たるとして、労働契約に基づく地位の確認、解雇後に支払われるべき賃金等並びに慰謝料当を請求するため、裁判を起こした。
裁判所は以下の判断を下した。
○この裁判は原告ら（社員側）に業績不良や問題行動があったと認める。
○一方、長期にわたり勤務し（12年〜26年）、配置転換もされてきたので、業績改善の機会を与えないで、解雇は権利の濫用である。
○解雇は権利濫用で無効であるとして、会社側が敗訴した。

この裁判を詳しくみていきましょう。

この社員3人の解雇理由は以下となっています。

・1人目は、業務能力、生産性が低く、ミスも多く問題が多数であった。
・2人目は、頻繁に業務期限を守れず、適時に適切な報告を行わないなどの問題があり、会社は業務量等を増やそうとしたが、それを拒否していた。
・3人目は、コミュニケーションの問題があり、任せられる業務が無く、異動等で改善させようとしても無理であった。

そして、これらの状況について、裁判所は「解雇事由は相当と認められる」と判断しています。これは、「解雇の理由はある」ということを裁判所が認めたことになるのです。

しかし、以下の理由で解雇は権利の濫用となったのです。

・業績評価が十分ではない。
→評価はあくまでも相対評価であり、それが続いたから解雇可能というものではない
・業務変更等の試みが十分ではない。
→本人たちの適性に合った職種への転換、業務内容に見合った職位への降格等の処置をする必要があった
・新しい業務へ消極的であったとしても、いきなり解雇は無理である。
→業務拒否の態度を続けると業務命令違反となる旨を伝える

・会社は社員に対し、問題点を指摘し改善の機会を与える旨を明確に伝える必要がある。
以上の判断から、「解雇の理由は存在するが、解雇は無効」となりました。それは、会社が解雇を実施するに当たり、解雇へのステップを踏んでいないということが明らかだからです。

逆に言うと、解雇へのステップが明確になった裁判でもあるのです。

裁判所の判断を整理すると、
（1）社員に対する問題がある場合、指摘し、改善の機会を与える
（2）上記対応でも改善されない場合は、適性にあった職種への変換、業務内容に見合った職位への降格等を実施する
（3）異動、職位の変更などの改善策での対応でまかなえない場合、再教育、再指導を強化する
（4）これらの機会を与えても、改善の見込みがみえない場合は、退職勧奨を行う
（5）以上の状況でも変化が無い場合は、会社として解雇を決断する
という流れになります。

このステップを踏まないと解雇の有効性が問われる事となるでしょう。

業績不良の社員を解雇することは、いろいろな行動が伴わないと法的な有効性が確保で

きません。事例の裁判を整理して、これを実際に実行しようとなるとかなりの労力、手間、時間がかかることは容易に想像できます。しかし、ここを省いてしまうとこの裁判のように、「解雇の理由はあるが、プロセスが早急過ぎる」として権利の濫用と判断されてしまうのです。

61

Checkpoint of the work

内部告発した社員は解雇できない？

公益通報者保護法という法律をご存知ですか？　この法律は「法令違反を社員が通報した場合、解雇等の不利益な取扱いから保護し、会社のコンプライアンス（法令遵守）経営を強化するため」の法律で、平成18年4月に施行されました。ちなみに、この法律が適用されるのは実際に法令違反があり、社員が行政等に連絡した場合です。

しかし、実際には法令違反が無く、その通報が「嘘」だった場合はどうなるのでしょうか？　これに関する裁判があります。

〈甲社事件東京地裁平成27年1月14日〉

○パート社員は高齢者向けの宅配弁当店に勤務していた。

○パート社員と上司は関係が悪く、パート社員は上司に対して暴言を吐くなどして勤務態度が悪く、協調性を欠いていた。
○パート社員は「会社がタイムカードの時刻を操作している」と嘘の情報を社内に流し、他のパート社員等に動揺を与えた。
○パート社員は保健所に電話をし、「店は不衛生な状態で食中毒の可能性がある」と告げた。
○保健所が検査に入ったが、通報内容は認められなかった。
○通報が虚偽であったこと、上司への暴言、タイムカードに関する嘘など、組織秩序を乱す行動を理由として、会社は保健所に連絡したパート社員を懲戒解雇とした。
○パート社員は不当解雇を主張し、裁判を起こした。
裁判所の判断は、以下となった。
○保健所の立ち入り検査で、通報内容は事実でないと判断されたが、検査時に使われた厚生労働省の大量調理マニュアルからすると不備があるとして、指導が行われた。
○「不衛生な状況」については事実であるので、完全に虚偽ではない。
○「食中毒の可能性」という通報なので、懲戒解雇を実施するほどの合理的な理由とはいえない。
○会社側が敗訴した。

この裁判の詳細をみてみましょう。

通報内容は以下です。
(1)ポットの管が汚くて悪臭を放っている。
(2)錆びて切れない包丁を使って作業している。
(3)換気扇から虫が侵入してくる。
(4)配達時に使用する保冷剤を社員に買わせて対応している。
(5)配達中に弁当が破損したとき、弁当屋で違う弁当を買って届けている。
これに対し、保健所の検査は以下の結果となっています。
(1)ポットの管が汚くて悪臭を放っている事実はない。
(2)錆びて切れない包丁は破棄していた。
(3)換気扇から虫が侵入してくる構造にはなっていない。
(4)配達時に使用する保冷剤を社員に買わせて対応している事実はない。
(5)配達中に弁当が破損したとき、予備の弁当が用意されている。
以上のように、通報事項が虚偽であることが明らかとなったのです。

しかし、検査時に使われた厚生労働省の大量調理マニュアルからすると不備があるとして、指導が行われたのです。これにより、公益通報者保護法の「公益通報」に該当し、解雇は公益通報を行ったことを理由とする保護に違反し、無効であると判断されたのです。

結果として、通報内容そのものが虚偽でも、関連する不備などが発覚すれば、公益通報者保護法により有効となるのです。では、パート社員はなぜこのような行動と取ったのかと言うと会社への逆恨みによる私怨を晴らす目的で業務妨害を行ったものと考えられます。なぜなら、閉鎖した店舗の余剰人員の受入れがあり、パート社員の勤務時間が短縮され、これに対する不満から虚偽通報によって会社を陥れようとしたとしたからです。

このことは判決文にも記載があります。

そして、会社はパート社員の行った通報の結果、会社の信用が壊れ、繁忙な業務時間帯に3回にわたって保健所の抜き打ち立入検査を受け、その対応に追われて業務に著しい支障をきたしたのです。パート社員は通報した内容がいずれも虚偽であることを知りながら、悪意により通報を行ったものであり、故意に会社の名誉、信用を傷つけ、業務の正常な運営を妨げたのです。だから、会社は服務規律に違反し、パート社員としてあるまじき反逆的行為であるので、懲戒解雇処分に値すると主張したのです。しかし、会社としても衛生管理に落ち度があり、保健所の指導を受け、通報自体の有効性もあったとされ、解雇は無効となったのです。

では、このような事を防ぐにはどのような対応が必要でしょうか？　それは労使間のコミュニケーションの量を増やすことです。この事例でも、最初に他の店舗の閉鎖についての説明が詳細に行われていたならば、ここまで問題がこじれなかったかもしれません。そのためには、小さな組織でもトップダウンの指示命令のみではなく、ボトムアップでの意見が上がる仕組みをもつ必要があるでしょう。

62

Checkpoint of the work

事業所を閉鎖しても解雇はできないのですか？

現在、有効求人倍率もバブル期並みの状況ですが、どこの会社も好調という訳ではなく、事務所を閉鎖したり、社員を異動させたりということは頻繁に行われています。

先日も「営業所を閉鎖するのですが、そこの社員達をどのように対応したらいいのか……。」というご相談もありました。事業所等の閉鎖の場合、すぐに解雇する訳にはいきません。まず考えなければならないのは、今、会社が置かれている状況を社員に説明することから始めるのが良いでしょう。

そして、解雇を回避するための方法を検討しましょう。別の事業所や異なる業務でも、社内で対応できるものは、実行し、なるべく解雇等の実施を回避するという会社の姿勢はとても重要なのです。しかし、どうしても事業所閉鎖に伴う解雇を実施する場合、しかるべきプロセスを踏む必要があります。例えば、事前に退職をお願いするという「退職勧奨の実施」が考えられます。

しかし、退職勧奨等にも応じてくれない場合はどのような対応をしたらいいのでしょうか？　これに関する裁判があります。

〈ナショナル・ウエストミンスター銀行事件東京地裁平成12年1月21日〉

○社員Aは外資系銀行の貿易金融業務に従事していた。

○会社は、競争激化に伴い社員Aが所属する部門を廃止することとした。

○会社は社員らに対し、退職勧奨を行ったがAはこれを拒否した。

○関連会社への出向を申し入れたところ、Aは出向については承諾したものの、給与の減額を拒否し、前の労働条件の維持を主張した。

○その後、Aに対し、再就職支援の援助や特別退職金等の条件を提案して、雇用契約の合意解約の申し入れを行ったが合意には至らなかった。

○そして、会社はAに対し解雇通告をして解雇した。

○これについてAは、就業規則に根拠のないものであること、整理解雇の要件をいずれも満たしていないと主張し、裁判所に訴えた。

裁判所は以下の判断を下した。

○会社側の主張が通り、社員の申立てを却下した。
○申立費用は社員側の負担となった。

裁判所の判断を詳しくみてみると、「就業規則には解雇事由が列挙されていて、本件の該当する事実はなしだが、客観的に合理的な理由があるので雇用契約を終了させることができる」と判断したのです。

また、今回の解雇は会社側の理由による整理解雇のため、整理解雇を実施する場合の要件についての検討がされていました。因みに整理解雇の要件は４つで以下となります。
（1）人員整理の必要性
（2）解雇回避努力
（3）被解雇者選定の妥当性
（4）協議、説明義務
部門の廃止に伴い、その部員に対する退職勧奨で、異動の考慮状況の説明等でこれらの要件は満たしていると考えられました。

さらに、上乗せの退職金等の支払いで、「会社は、雇用契約終了後の社員の当面の生活維持及び再就職の便宜のために相応の配慮をしたものと評価できる」としています。

・社員との雇用契約を解消することには合理的な理由がある
・会社はAの当面の生活維持及び再就職の便宜のために相応の配慮を行った
・雇用契約を解消せざるを得ない理由についてもAに繰り返し説明している
以上のような誠意をもった対応をしていることで総合的に考慮すれば「解雇権の濫用」であるとはいえない。つまり、解雇は有効だと結論づけたのです。

業務の縮小により、会社の拠点を減らすことは、経営上やむを得ない場合があります。そして、そこで働く社員について、「場所がなくなるから辞めてもらう」ということが簡単にできないことがこの裁判事例でご理解頂けたと思います。

しかし、整理解雇の要件を押さえ、対象となっていた社員に誠意を尽くし、気持ちのある対応をすれば、たとえ解雇となり、裁判でもめても、その行為は司法が認めてくれる場合もあるのです。解雇等の裁判は「会社側がほとんど敗訴している」と言う話をよく聞きますが、果たして事実でしょうか？　要件を守って、やるべきことを尽くせば、会社側の主張が通ることもあるのです。

63

Checkpoint of the work

残業命令を拒否されたら、解雇できるか？

みなさんの会社では残業させるときはどのように運用していますか？「上司が残業を許可していますか？」「それとも、社員が勝手に残っていますか？」本来、残業とは「所定労働時間をオーバーして働く時間」なので、上司からの指示で行うものなのです。逆にいうと、上司の指示が無いと残業してはいけないのです。

そこで、アフター5に予定がある日に上司が残業命令をしたという状況を考えてみましょう。この場合の答えは「残業命令が優先」します。

これに関する裁判があります。

〈日立製作所武蔵工場最高裁平成3年11月28日〉

○上司が部下に製造効率が低下した原因解明のため、残業するように命じた。

↓部下の手抜き作業の結果、効率が低下した。

◯時間外労働、休日出勤に関する労使協定（36協定）は会社と社員代表との間で締結済み。

◯社員はこの命令に従わなかった。

◯会社は社員に始末書の提出を求めたが、提出しなかった。

◯就業規則には「業務命令違反は懲戒解雇」と記載あり。

◯会社は労働組合の意向も聴取した上で、就業規則上の懲戒事由に該当するとして社員を懲戒解雇した。

◯社員はこれを不服として、裁判を起こした。

裁判は最高裁までいき、結果は以下となった。

◯同社の就業規則は合理的なものであり、本件は懲戒に該当する。

◯36協定は有効であり、社員は残業の義務を負う。

◯残業命令は社員本人の手抜作業の結果を追完、補正するためのもの。

◯諸事実を考え併せると、懲戒解雇は権利の濫用には当たらないとして、会社が勝訴した。


ここでポイントとなるのは36協定が締結されているか否かです。

今回の場合、残業の具体的な内容が36協定によって定められており、これに従った残業命令ということが確認されています。36協定が有効に機能していないと、残業命令を発せられないということがわかります。

36協定の詳しい内容や、どうすれば有効と認められるかについては、178ページの『残業命令に必要な労使協定とは？』の内容を参考にしてください。

また、上記の通り、36協定の有効期間は1年ですが、これを徒過したまま、放置されているケースがよくありますので、この点も注意しましょう（自動更新はできません）。

このように残業命令を出す場合は、「有効な36協定」が締結されていることが必要です。だから、有効な36協定があれば、仮にアフター5に予定が入っていても残業してもらうことが可能なのです。ただし、アフター5の予定の内容にも配慮すべきですし、健康上の問題も考える必要があります。また、育児、介護などの事情も十分考慮する必要があるでしょう。

結果として、36協定が有効であっても、総合的な状況の中で判断することが最も重要なことです。そうしないと、感情的なねじれが生じ、労使トラブルに発展する可能性もあるのです。

64

Checkpoint of the work

人員削減を行うには……

景気が回復していると言われていますが、まだまだ苦しい状況にある企業も沢山あります。そういう場合、まず手を付けるのが人件費ですが、具体的には「解雇」を行わざるを得ないこともあります。

そして業績不振により解雇を行なう場合、「通常の解雇」ではなく「整理解雇」を検討すべきです。

この整理解雇は懲戒解雇などと違い、社員側に原因がある解雇ではなく、会社側の一方的な都合によるものです。だから、整理解雇を実施するには通常の解雇よりも高く、かつ、明確なハードルが設けられているのです。

そして、このハードルは以下の４つです。

（1）人員削減の必要性

→経営不振などで企業存続のために人員削減が必要であるかどうか

（2）解雇回避努力

→解雇をなるべく行わない努力を実施したかどうか

（3）対象者選定の合理性

→整理解雇の対象となる社員の選定は合理的な基準かどうか

（4）解雇手続きを適正に行なったか

→整理解雇を実施しなければならない状況を社員に説明会などで 説明したかどうか

この4つを順番に解説していきますが、この中で最も大きな問題となるのが（1）の「人員削減の必要性」です。当然、その不振には基準はなく、どの程度の不振ならば、これが認められるかの判断は難しいのです。

このポイントは、以下のようになっています。

・採算性の向上、利益追求のための人員整理は認められない

・差し迫った企業存続の危機期状況でなくても、人員整理は認められる

・企業競争力をつけ、生き残る場合にも認められる

ただし、他の要件も満たさないと整理解雇は有効に成立しません。

次に（2）の「解雇回避努力」をみていきましょう。

これは「いきなりの解雇」ではなくて、次の項目を検討しましょう。
・人件費以外の経費の削減
・労働時間の短縮（残業削減）
・昇給の停止、賞与の停止
・新規採用の中止
・配置転換、出向、希望退職の募集
会社の状況に応じて、これらの措置を講ずることが重要です。そして、これらを検討した後に「整理解雇」を検討すべきなのです。

さらに（3）「対象者選定の合理性」の事例をみてみましょう。当然ですが、対象者の選定について合理性が必要です。

具体的には「廃止される事業部の部員、統合される営業所の所員、再雇用された社員」などが選定対象になることが多いでしょう。もちろん、選定する基準が客観的に分かれば問題はありません。しかし、なんとなく「会社とそりが合わない社員」「反抗的な社員」などの理由だけで整理解雇の対象とはできないのです。

ただし、人事考課等で基準を定めていれば、

・会社の秩序を乱す者
・業務上において協調性のない者
・職務怠慢な者
・技能が低い者
・欠勤、遅刻、早退が多い者

などを対象になる場合があります。だから、ここは人事考課の基準を明確に就業規則等に記載しておくことがポイントとなります。

最後に（4）の「解雇手続きを適正に行なったか」についてです。これは社員の全員につき、1人も漏らさずに説明の機会を作ることが大切です（説明会の実施など）。社員全員が納得できるように説明を実施することが必要です。以上のように整理解雇には踏むべき手順があるのです。

65

Checkpoint of the work

遅刻、早退が多い社員を解雇する方法とは？

勤怠不良に関するご相談は、いつでも全国から数多く頂きます。遅刻、早退等の勤怠に問題がある社員は、社会人としての常識を欠き、この問題社員を放置しておくと、他の社員へ悪影響が出てくることもあり、職場のモラルが下がってしまいます。

また、こういう社員はどんなに注意しても改善されないケースも多く、「社会人としての常識」が元々無く、会社としても仕事を任せられない、そもそも使えない、というケースも多いでしょう。だから、「辞めてもらいたい」というのが本音のケースもあります。このような場合、遅刻や早退をすることは、労働契約上の義務違反に当たり、解雇の事由となるのです。

しかし、解雇となると、多くの社長が「尻込み」をしてしまうのも事実なのです。それは、解雇が「どうすれば有効になるのか？ 無効になるのか？」の判断が難しいからです。

解雇が有効となる要因として、この本の中でも何回か取り上げた2つの要因があります。
・解雇に対し、客観的、合理的な理由があるか？
↓就業規則等の解雇事由に記載されている
↓この旨が記載されていないケースもあるので、注意が必要
・解雇が、社会通念上相当である
↓社会一般からみて、解雇されてもやむを得ない
ということが必要です。

勤怠不良だからといって特別なことはなく、この2つの要因に当てはまれば、解雇は有効となるのです。では、勤怠不良による解雇が有効とされた裁判をみてみましょう。

〈東新トレーラーエキスプレス事件東京地裁平成4年8月25日〉
○社員が入社して1年以上たったが、欠勤が約70日であった
↓毎月2日間ぐらいは個人的事情で欠勤（理由は不明）
↓個人的事情以外でも欠勤し、一応の理由はある
↓他の社員よりも著しく欠勤が多い
○会社は、再三注意を行い、警告書で就業状況の改善を求めた

↓社員は、その後も同様に欠勤を重ねた
○会社は就業規則の解雇事由に該当すると判断し、解雇を実施
↓「従業員の就業状況が著しく不良で就業に適さないと認められる場合」に該当と判断
○社員はこれを不服として裁判を起こした
そして、裁判所の判断は以下となったのです。
○解雇は有効（就業規則の解雇事由に該当する）
○解雇を無効とすべき特段の事情が認められない
○会社が勝訴

この裁判で会社が勝訴したポイントは以下となっています。
・就業規則に解雇の事由が記載されていた（客観的、合理的な理由）
↓欠勤の多さが就業に適していないと裁判所も認めた
・欠勤の理由が不明（社会通念上、相当な理由）
↓個人的な理由としか報告せず
・会社として再三注意を実施している（社会通念上、相当な理由）
↓その後に警告書で改善を求めている

解雇するに当たり、就業規則に記載された解雇事由があり、会社は解雇を行うまで、社員を改善させようと、再三の注意、警告書による通知も行っているのです。また、社員が欠勤の事由を明らかにしない以上、会社としても個人的な事情を考慮することはできないのです。

また、類似の裁判もみてみましょう。

〈アラウン事件大阪地裁平成11年4月30日〉
○欠勤日数が就業日数の3分の1に及んでいた（客観的、合理的な理由）
○勤務態度につき、他の社員からも批判あり（社会通念上、相当な理由）
○勤怠について改善の見込みがない（社会通念上、相当な理由）
○欠勤理由が独善（自分勝手）であった（社会通念上、相当な理由）
↓診断書を提出しない病欠を理由に休む
↓欠勤理由の説明がされないまま直前に休む
以上により、会社が実施した解雇は有効と判断されたのです。

この2つの裁判からもわかるとおり、勤怠不良で解雇を検討する場合、以下のポイントに注意しなければいけません。

・回数、連続性、遅刻や欠勤に関する届出の有無、理由

・解雇に至るまでに注意、警告等がしっかりと実施されたか？

・業務に与えた影響、改善の見込みはどうか？

66
Checkpoint of the work

段階を踏まずに懲戒解雇をしたら無効か？

解雇を実施するには、「きちんと記載した就業規則が必要」「そこに記載した処分を段階的に実施」という状況でないと、解雇そのものが有効とはならないことは、本書の中で繰り返しお伝えしてきましたが、この項では特に懲戒解雇の例に絞った解説をしていきます。

例えば、就業規則等に反して懲戒委員会等を開催しなったために、懲戒解雇が無効とされた裁判があります。

〈中央林間病院事件東京地裁平成8年7月26日〉

○病院オーナーの依頼により、ある医者が院長に就任した。
○院長は病院を誹謗中傷し始めた。
○院長の発言により、職員の不安をあおり始めた。

○院長は規定に反して、勝手に医療機器を購入した。
○病院オーナーは規定違反の旨の通知を院長に通知した。
○そして、今後を考えて、懲戒解雇を検討した。
○病院の就業規則には「職員の懲戒は懲戒委員会に基づいて実施」と記載があったが、病院オーナーは総婦長との相談で解雇を実施。
○院長は解雇無効を訴えて裁判を起こした。
そして、裁判所は以下の判断をしました。
○院長という肩書きのため、就業規則による懲戒委員会は必要ないと考えられるが、本人の弁明を聞く機会等の代わりの方法がとられていない。
○病院オーナーと総婦長との相談のみで解雇を実施したことは、瑕疵ある手続きである。
○懲戒解雇が無効とされ、病院側が敗訴した。

このように、就業規則に厳格な規定が定められていても、運用を間違えると、解雇が無効となってしまう可能性があるのです。

一般的には、

・始末書の提出など

・減給、出勤停止など
・退職勧奨の実施
・弁明の機会を与える
・懲戒解雇の実施
　という流れとなります。

懲戒解雇の実施前に、懲罰委員会などで本人の弁明の機会を与えた上で、判断することがより客観的とみられるのです。懲戒処分も軽いものから重いものへと段階的に実施し、それでも駄目なら手続きに乗っ取り、解雇の判断をすべきなのです。

　しかし、この流れを踏まずに解雇を実施した場合、全てが無効となってしまうのでしょうか？　これに関する裁判があります。


〈南淡漁業協同組合事件大阪高裁平成24年4月18日〉
○職員は信用業務（貯金担当）だった。
○職員は無断振替を行って、規律違反を犯した。
○組合は重大な規律違反と判断し、職員を解雇とした。
↓弁明の機会等は与えられなかった。

○これに対し、職員は組合が指導や警告を行わず、弁明の機会も無く、懲戒処分が軽いものも何も無かったのは不当解雇と主張し、解雇無効を訴えた。

↓給料等と慰謝料として、約１００万円を請求した。

○地裁判決では、いきなり解雇ではなく、指導や警告を行っていれば、改善できたとして、解雇は行き過ぎと判断した。

○ただし、慰謝料は10万円となった。

○その後、双方が控訴した。

そして、控訴審では次の判断がされました。

○無断振替や代筆行為は組合の信用を著しく傷つけた。

○この職場は４人しかおらず、職員は会話等をせずに孤立していたため、他の職員との会話や伝達さえも行わない状態が長く続き、説明や意見を求められる状態ではなかった。

○段階的な処分の実施もこの職員の態度から考えると、改善の可能性は考えられない。

○組合は無断振替等の発覚後、退職届を求めたが、この職員は黙り、弁明の機会等は当然に不可能と考えられた。

○解雇は有効。

第一審では改善される可能性を考えて、解雇無効と判断されましたが、控訴審では職員が4人しかいないという職場の環境等を深く検討し、現実的な判断が下されたのです。

しかし、この事件の第一審や前半で取り上げた中央林間病院事件のように、段階的な処分や手続きの不備で解雇無効となるケースもあります。ここはケースバイケースになるので、状況次第となります。そこで、考えるべきことは「懲戒処分が段階的に可能か？」「可能であれば、就業規則に記載された手続きを段階的に実施する」「不可能であれば、「なぜ不可能なのか？」を記録し、保存するという流れです。

以上を行えば、トラブルになった際の対応がスムーズにいくのです。

67

Checkpoint of the work

始末書を提出させるとき

今まで解雇や懲戒処分について取り上げてきましたが、今回は処分の第一歩である「始末書」について取り上げます。

まずは、具体的な就業規則の条文をみてみましょう。

（制裁の種類、程度）

第○条：制裁の種類は、その情状により次のとおりとする。

（1）訓戒：口頭もしくは文書によって厳重注意をし、将来を戒める。

（2）譴責：始末書を提出させ、将来を戒める。

（3）減給：始末書を提出させ、1回の額が平均賃金の1日分の半額、総額が一賃金支払期における賃金総額の10分の1以内で減給する。ただし、懲戒の事案が複数ある場合は、複数月にわたって減給を行なうことがある。
（4）出勤停止：始末書を提出させ、7労働日以内の出勤の停止を命じ、その期間の賃金は支払わない。
（5）降格降職：資格等級の引き下げもしくは役職を解く。この場合、労働条件の変更を伴うことがある。
（6）諭旨解雇：退職願を提出するよう勧告する。ただし、勧告した日から3労働日以内にその提出がないときは懲戒解雇とする。
（7）懲戒解雇：解雇予告期間を設けることなく即時に解雇する。この場合、所轄労働基準監督署長の解雇予告除外認定を受けたときは予告手当を支給しない。

この条文の（2）～（4）は始末書の提出を求めています。

しかし、最近は始末書の提出を求めても「私は悪くない」と言って提出を拒まれる事例もあります。この場合、どう対応するべきでしょうか？　そもそも、なぜ始末書を提出させるのでしょうか？

もちろん、始末書を提出させるメインの目的は

・社員の指導
・不祥事の再発防止
・職場秩序の回復

などです。ただし、場合によっては始末書が裁判の証拠として、効力を発揮する場合もあるのです。ここまでは考えていない会社がほとんどなので、その記載内容が「単なる反省文」になっていることもよくあります。

そして、いざ裁判になった場合、「あのときこうしておけばよかった」と後悔することもあるのです。これを防ぐためにも、始末書の内容をきちんと記載する必要があるのです。

具体的には、下記の項目を記載しましょう。

（1）不始末の内容（例：休日に営業車両で事故を起こした）
　↓不始末に到った状況と内容を記載
（2）不始末の原因（例：休日に使用した、わき見運転だった）
　↓「客観的な事実」を冷静にまとめて誠意を示させることがポイント
（3）お詫び、反省の弁（例：深く反省しております）
　↓お詫びを自分の言葉で記載

（4）不始末を繰り返さない旨の弁（例：二度と繰り返しません）
　↓不始末を二度と繰り返さない決意をしっかりと記載
（5）寛大な措置を願う弁（例：今回に限り寛大な措置を願います）
　↓「始末書＝懲罰の可能性」があるので、しっかりと謝罪の意を記載
　↓寛大な措置を願う言葉や今後は規則に従いますといった言葉も記載

　反省文であれ、始末書であれ、通常の文章なら（3）～（5）は必然的に記載されるでしょう。しかし、（1）と（2）は書かれていないことがよくありますが、ここが重要なのです。

　ただし、当たり前ですが、意図的に書かせてはいけません。また、始末書は法律的にいえば、強制的に提出させるものではなく、任意に提出させるものです。だから、始末書の提出要求に応じなかったとしても、業務命令違反にはならないのです。

　実際、「始末書の未提出＝懲戒処分の対象」とし、会社側が負けた事例もあります。

○国際航業事件（大阪地裁　昭和50年7月）
○丸十東鋼運輸倉庫事件（大阪地裁　昭和53年1月）
○福知山信用金庫事件（大阪高裁　昭和53年10月）

などです。

しかし、始末書が強制できないからといっても、何もできないわけではありません。社員が業務に支障をきたすことを発生させたら、「報告する義務」があるのです。つまり、「事実報告を求める書類（例：報告書）」であれば、「業務命令として」提出を求めることができるのです。

だから、これを拒否した場合、「業務命令違反＝懲戒処分の対象」となるのです。よって、業務上のトラブルに関する報告書のフォームを作成し、そこに（1）と（2）の記載欄を設けておくのです。また、「再発防止策」という欄があってもいいでしょう。そうすれば、始末書があっても無くても、不始末に到った原因、経緯などが「記録として」残るのです。

始末書の提出のみにこだわりすぎてはいけません。また、「始末書が無いと罰則を与えられない」と思っている方もいますが、そんなことはありません。業務上のトラブルがあった場合、報告書を作成する制度を導入すればいいのです。

もちろん、このメインの趣旨は裁判に備えることではなく、トラブルの再発防止です。そこは勘違いをしないようにしましょう。ただし、これを提出しないことは「業務命令違反」となるので、更なる罰則が追加される可能性も出てきます。

誰でもミスはあるので、本来は本人が反省し、トラブルが再発しなければいいだけです。

始末書はそのきっかけとなる書類であればいいのです。しかし、感情のもつれがあり、なかなか先に進まないケースもよくあります。こういう場合、「事実」にフォーカスした対応が重要になります。だから、その事実を記録として残し、かつ、再発防止に努めるための「報告書」が重要になるのです。

【著者略歴】

内海 正人（うつみ・まさと）

1964年神奈川県生まれ。人事コンサルタント・特定社会保険労務士。社会保険労務士法人 日本中央社会保険労務士事務所代表。総合商社の金融子会社にて法人営業、融資業務、債権回収業務を行う。その後、人事コンサルティング会社を経て、日本中央社会保険労務士事務所設立。2017年9月社会保険労務士法人　日本中央社会保険労務士事務所 代表社員に就任し、現在に至る。人材マネジメントや人事コンサルティング及びセミナーを業務の中心として展開。現実的な解決策の提示を行うエキスパートとして多くのクライアントを持つ。著書に『会社で活躍する人が辞めないしくみ』（クロスメディア・パブリッシング）などがある。

会社《かいしゃ》のやってはいけない！

2018年 4月11日　初版発行

発行　**株式会社クロスメディア・パブリッシング**

発行者　小早川 幸一郎

〒151-0051　東京都渋谷区千駄ヶ谷4-20-3 東栄神宮外苑ビル

http://www.cm-publishing.co.jp

■本の内容に関するお問い合わせ先 …………………… TEL（03)5413-3140／FAX（03)5413-3141

発売　**株式会社インプレス**

〒101-0051　東京都千代田区神田神保町一丁目105番地

■乱丁本・落丁本などのお問い合わせ先 ……………… TEL（03)6837-5016／FAX（03)6837-5023

service@impress.co.jp

（受付時間　10:00～12:00、13:00～17:00　土日・祝日を除く）

※古書店で購入されたものについてはお取り替えできません

■書店／販売店のご注文窓口

株式会社インプレス　受注センター ……………………… TEL（048)449-8040／FAX（048)449-8041

株式会社インプレス　出版営業部 ……………………………………………… TEL（03)6837-4635

カバー・本文デザイン　金澤浩二（cmD）

イラスト　popman3580

印刷　株式会社文昇堂／中央精版印刷株式会社

製本　誠製本株式会社

ISBN 978-4-295-40183-4 C2034